JN243476

デジタルで変わる

宣伝広告の基礎

宣伝会議編集部 編

デジタルで変わる

宣伝広告の基礎

デジタル時代に変わる
マーケティングとクリエイティブの役割

　月刊『宣伝会議』の創刊は1954年。以来、『宣伝会議』が見つめ続けてきた日本企業のマーケティング、宣伝・広告活動の60年を超える歴史の中で、インターネットの登場、浸透ほど、消費行動を変え、企業のマーケティングに変化を強いたものはありません。

　2000年前後から、企業のWebサイト開設が相次ぎ、当時はまだ、紙の会社案内、カタログをWebに転載する企業が主でした。その後、新しい"広告メディア"として「インターネット広告」「モバイル広告」が脚光を浴び、中小規模の企業にとっても広告が身近なものになったのもこの頃です。単価の低いインターネット広告は、広告という手段を必要としている企業の裾野を広げていきました。

　しかしながら、2008年頃になると、単に新しい広告メディアとしての位置付けでは、この潮流は捉えられないのではないか？という認識が広がります。結果、「デジタル」や「デジタルマーケティング」という概念が産業界に広がっていきました。

　そして現在。IoT、人工知能など、デジタルテクノロジーは進化の一途を遂げ、デジタルを活用して、いかに今の時代に合った商品・サービスの価値をつくれるか、という非常に根源的な課題に多くの企業が直面しています。

インターネット、そしてデジタルテクノロジーが浸透する社会は、消費者の行動、そして価値観を劇的に変えた。これまで価値があると思われていたものが、急速にその魅力を失ってしまう状況も生まれています。

マーケティングや宣伝・広告の理論、実務には、これまで多くの研究者、実務家の方々がつくり上げてきた根源的に変わらない論理があります。一方で、これほどまでに時代が劇的に変わった今、見直すべき「概念」「手法」もあります。

「デジタル時代の仕事の基本」をテーマにした本シリーズは、時代が変わった今日の「基本」を、改めて一冊の書籍にまとめることを目的としています。

具体的には以下のような課題に対する解決策を提示してまいります。

- 既存の広告手段、メディアだけでは従来の効果が得られなくなっている。
- SNSが浸透し、消費者自身の発信量が増えたことで、ブランディング、ブランドマネジメントの方法論を変える必要が出ている。
- メディア、情報の量が爆発的に増えたことで、消費者のメディア接触が多角化し、自社の情報を届けづらくなっている。
- テクノロジーの進化のスピードが増したことで、商品のライフサイクルが極度に短命化している。

デジタルテクノロジーの浸透だけでなく、少子高齢、人口減少、消費の成熟など、社会・産業構造の変化も、今日の企業マーケティングの大きな課題です。

本シリーズでは、「デジタルテクノロジーの活用で、現代の課題を解決する」こともコンセプトの一つに据えています。

　本シリーズは、宣伝会議が60年以上にわたり、専門メディアの刊行、教育事業の基軸にしてきた、マーケティング、広告・宣伝、広報、販売促進、クリエイティブの各領域で、新しい「仕事の基本」としてテーマ別に刊行してまいります。

株式会社宣伝会議

代表取締役会長　東　英弥

マーケティングとデジタル時代の宣伝広告

　マーケティング、特に広告コミュニケーションの世界にいると、時代的な変化を指摘される機会が多くなります。

　消費者は変わった、競争環境はますます激しくなっている、これまでのやり方は通用しない……など、様々な人たちが様々な表現をしていますが、いずれも「環境は激変しており、競争は激化している」という点で共通しています。

　しかし、本当にそうなのでしょうか。私がマーケティングを学び始めたのは30年以上も前のことですが、当時から「消費者は変わった、競争環境は厳しくなった、従来の手法はもう古い」という声を耳にしていた記憶があります。それどころか、1950年代の経営書にも同じようなことが書いてあるようです。

　『「大変」な時代』（講談社、堺屋太一著）という本もあれば、『いつだって大変な時代』（講談社現代新書、堀井憲一郎著）という本もあります。時代は変わったという人もいれば、そんなふうに騒ぐのはもういい加減にしたほうがいいという人もいるようです。いったい、どちらが正しいのでしょう。

広告コミュニケーションの変化

　広告コミュニケーションが移り変わりの激しい世界であるのは事実でしょう。名作といわれる広告作品を見直して、クオリティの高さに驚くことは珍しくありませんが、それらを今露出したとして、どれほどの効果が期待できるかはまた別の話です。歴代の広告に時代性を感じるということは、広告コミュニケーションの世界が確実に変化していることを裏付けています。

● 情報技術やメディアの変化

　広告コミュニケーションの移り変わりが激しい理由は、おそらく二つに分けて考えることができます。一つは情報を処理したり伝達したりする技術やメディアが、過去数十年にわたり、大きく進化してきたことです。

　広告コミュニケーションは「情報」を扱う活動であるために、情報技術やメディアの変化と距離を置くことはできません。たとえば、1950年代以降に限っても、テレビの登場からインターネットの普及まで、情報技術やメディアの変化は広告コミュニケーションに大きな変化をもたらしてきました。

　今日において、情報技術やメディアの変化のベースにあるものは「デジタル化」です。このため広告コミュニケーションの世界でも、デジタル技術をベースとしたものは「デジタル広告」と呼ばれています。

　しかし、このデジタル広告という言葉には、あいまいさが残ります。たとえば、今ではテレビもデジタル化されていますが、テレビ広告をデジタル広告と呼ぶ人は少ないでしょう。また、新聞広告や雑誌広告も編集過程はほぼ完全にデジタル化されていますが、デジタル広告とは認識されていません。これらのことからわかるように、デジタル広告とは（伝統的なメディアに対する言葉として）インターネット広告を指すことが多いのが現状です。

　それではインターネットと従来のメディアでは、なにが異なるのでしょうか。直感的に思い浮かぶ要素として、インターネットはいつでも好きなように利用できるということがあります。インターネットのコンテンツは、決められた時間に閲覧する必要がない上に（非同期的）、決められた順序で閲覧しなくても構いません（ノンリニア）。しかも情報に手を加えやすく（加工や複製が容易）、受信だけでなく発信もでき（双方向的）、誰とでもオープンにつながることができます（開放的）。大まかにいえば、インターネットはこれまでのメディアよりも利用者

（送り手・受け手）にとって「自由度が高い」わけです。

　今日、広告コミュニケーション関係者が「デジタル広告」という言葉を使う場合、デジタル化の本来の意味（アナログ世界の連続的な情報が離散的な情報に置き換えられているということ）よりも、それがもたらす自由度の高さを意識していることが多いようです。このため、デジタル広告の議論も、「自由度の高さによって、これまでにないやり取りが可能となり、広告コミュニケーション活動に広がりが生じてきた」という形で展開されることが多くなっています。

● 人々の生活様式の変化

　情報技術やメディアの変化に加え、広告コミュニケーションの移り変わりが激しい理由はもう一つあります。それは、過去数十年にわたり、私たちの生活が大きく変化してきたことです。広告コミュニケーションは人々の「生活」に関わるものが多いため、生活様式の変化から影響を受けることは避けられません。

　日本におけるここ数十年の変化を振り返ると、平日の昼間に働くことが当たり前でなくなり、人々の在宅時間も減少してきました。また、初婚年齢の上昇と未婚率の高まりによって、「お一人さま」と呼ばれる単身消費も珍しくなくなっています。社会全体を見渡せば、子供が減り、老人が増えるとともに、いわゆる非正規雇用者が急激に増加しています。

　さらに、好むと好まざるとにかかわらずグローバル化が進み、他国のヒト、モノ、カネ、情報に接することが日常的になってきました。そして、インターネット上に様々なコミュニケーション・プラットフォームが用意されることで、見ず知らずの外国人たちとコミュニケーションをとったり、取引をしたりすることも容易になりました。

　一連の生活様式の変化の背景には、政治経済的な制度の変化や、技術的な発展に加え、私たちの日常生活を目に見えない形で制約し

ている社会的規範(こうあるべきだという暗黙のルール)が緩やかになってきたことがあるように思います。一言で言えば、異なる行動や考え方が認められやすくなってきたといえるでしょう。

これらの結果、よく言われるように、人々の生活は「多様化」しました。広告コミュニケーションという点では、誰もが同じような生活を営まなくなることで、マスメディアを用いた画一的なコミュニケーションの効果が低下しました。かつてよく耳にした「お茶の間」という言葉が死語になり、また、テレビにおけるゴールデンタイムという概念が輝きを失う中で、新しい形のコミュニケーションスタイルが模索されるようになっています。

● 複雑性と不安感の高まり

ここまで広告コミュニケーションの変化について、二つの側面から考えてきました。

まず、広告コミュニケーションは「情報」を扱うものであるため、情報を処理したり伝達したりする技術やメディアが進化すれば変化を余儀なくされることを指摘しました。そして、今日的には、デジタル化によって自由度の高いコミュニケーションが可能となったことを述べました。

次に、広告コミュニケーションの多くは人々の「生活」にかかわるものであるため、生活様式の変化から影響を受けざるを得ないことを指摘しました。そして人々の生活様式が多様化したことで、それまでとは異なる広告コミュニケーション活動が求められるようになったことを述べました。

これらコミュニケーションの自由度の高まりと、人々の生活様式の多様化は、いずれも選択肢が増えて、組み合わせが広がったという点で共通しています。

選択肢が増えるのは一見良いことのように思えますが、複雑性が

高まったということでもあります。ごく単純に考えてみても、二つの選択肢の組み合わせは3通り（$_2C_1 + _2C_2$）ですが、三つなら7通り（$_3C_1 + _3C_2 + _3C_3$）となり、五つなら24通り（$_5C_1 + _5C_2 + _5C_3 + _5C_4 + _5C_5$）となります。選択肢が増えて、自由に組み合わせられるようになることで、複雑性は飛躍的に高まります。

　より具体的に述べれば、広告コミュニケーションの自由度が高まることで、自社だけでなく、競合の打ち手も広がり、競争の様式が複雑化するということを意味します。また、消費者の生活が多様化することで、生活パターンも複雑化します。

　結果として、競争の展開も消費者の反応も予測しにくくなります。このような不透明さは、広告コミュニケーションに携わる者たちの不安感を少なからず高めていくことになるでしょう。

広告コミュニケーションの本質

　これまで述べてきたように、広告コミュニケーションが時代とともに変化することは、自明であるように思えます。しかし、中には、広告コミュニケーションの本質は変わらないという主張をする者もいます。メディアの変化や、消費者に対する訴求スタイルの変化は、あくまでも表層的な移り変わりに過ぎず、その背後に存在する広告コミュニケーションの骨格は時代を問わず同じだというのが、彼らの主張です。

　これらの主張は確かに一理あるように思います。たとえば、古典と呼ばれる芸術作品の中には、現代に生きる私たちの心を強く揺さぶるものも少なくありません。

　先日、芥川龍之介の『杜子春』の芝居を観て、強い衝撃を受けたという小学1年生に会いました。『杜子春』が書かれたのは1920年、100年近く前に書かれた小説が、生まれて10年にも満たない子供

の心を動かしているわけです。

　文学作品にも、音楽作品にも、あるいは美術作品にも、いつまでも輝きを失わない作品が存在します。このことは、たとえ時代が移り変わったとしても、人の心の本質は意外に変わらないものであることを教えてくれているような気がします。

　もう一つ指摘できるのは、いくらデジタル化が進展したとしても、広告コミュニケーションの目的が根幹から変わるわけではないということです。広く知られたい、より良く思われたい、欲しいと思われたい、また買ってもらいたい、話題や評判にしてもらいたい、といったことは、過去も、現在も、そしておそらく将来も、広告コミュニケーションの目的であり続けるでしょう。

　ひるがえって考えると、広告コミュニケーションの本質は変わらないという者たちの主張は、私たちが往々にして、表面的なものに気を取られてしまうことに注意を促しているように思えます。確かに私たちは、目の前にある、具体的で、わかりやすいものに気を取られがちです。彼らが指摘するように、移り変わりの激しい広告コミュニケーションの世界だからこそ、じっくりその本質を見つめることが重要になってきそうです。

広告コミュニケーションを組み立てる二つの視点

　広告コミュニケーションの本質は変わらないという指摘は、激変する広告コミュニケーション環境の中で不安を抱きがちになる私たちにとって、心強いものに感じられます。しかし、広告コミュニケーションの実務に携わる限り、たとえそれが表面的なものであったとしても、現実の変化に鈍感になることの愚かさは肝に銘じておくべきです。

　今、私たちに必要なことは、二つの主張がいずれも正しいことを認めたうえで、それらの結び付きを理解することではないでしょうか。

広告コミュニケーションは激変しているという指摘と、その本質や骨格は変わらないという指摘は、決して矛盾するものでありません。それどころか、これら二つの視点こそ、広告コミュニケーションを組み立てるために不可欠な要素です。

広告コミュニケーションの基本視点　　　　　　　　　　　　（図表①）

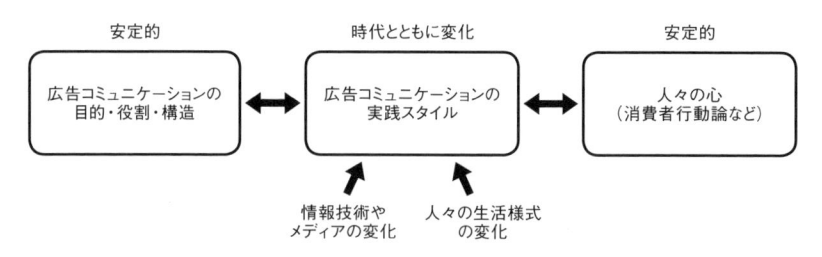

出典：著者作成

　（図表①）に示したように、情報技術やメディアが変化したり、人々の生活様式が変わったりすることで、広告コミュニケーションの実践スタイルは刻々と移り変わっていきます。しかし、その背後に存在する広告コミュニケーションの目的・役割・構造、あるいは人々の心といったものは、時代を超えて比較的安定しているといえるでしょう。

　デジタル時代の広告コミュニケーションに取り組むために重要なことは、このように比較的安定した本質的部分と、変化の激しい表層的部分が存在することを意識しながら、両者を統合的に扱うこと（つまり現代的な実践スタイルに本質的な部分を組み込むこと）です。

　これは、あまりに当然に思えるかもしれませんが、いざ実践するとなると、なかなか難しいものです。斬新なアドテクノロジーを導入した一方で、キャンペーンの目的や全体像が不明瞭になったり、消費者の視点を欠いてしまったりした経験のある人も、少なくないこ

とでしょう。本質的な部分に集中すれば、現実の変化に鈍感になりがちになり、逆に実践的な部分にとらわれると、本質的な部分を見失いがちになってしまうのです。

　本書では、広告コミュニケーションの実務家がこのような落とし穴にとらわれないよう、宣伝広告の本質と、デジタル時代で大きく変化した宣伝広告実務の双方について、十分な説明を行っています。すなわち、広告コミュニケーションの目的・役割・構造と、広告コミュニケーションの今日的な実践スタイルについて、バランスよく論じています。

　本書のように、デジタル時代になっても変わらないことと、デジタル時代になって変わったことを明確に区別しつつ、一冊にまとめた本は、これまであまりありませんでした。

　本書のもう一つの特徴として、特定のテーマだけを深掘りするのでなく、今日の広告コミュニケーションについて広い視点から網羅的に記述しています。そのため、ビギナーが最初に読む「初めの一冊」としても、ベテランが今一度、現状を確認するための「おさらいの一冊」としても、最適なものとなっています。

　本書を通じて「なんのためにコミュニケーションを行うのか」と「どうやってコミュニケーションを行うのか」という二つの視点を身に付けていただければ幸いです。

監修：青山学院大学　経営学部　教授
久保田進彦

第 1 章

宣伝広告の企画

執筆：九州産業大学 商学部 准教授
五十嵐正毅

1-1.　宣伝広告の企画とはなにか?

　人や組織が社会の多くの他者にコミュニケーションを行う活動には、古来、多くの先人たちが知恵を絞ってきました。

　古くは、紀元前1000年頃のものとされる古代エジプトの遺跡からパピルスに書かれた人捜しのチラシが見つかっており（高桑1994）人の社会的営みにとって、多くの他者に向けてコミュニケーションを行う活動が切り離せないものであったことがうかがわれます。

　一方、その手法については、様々なメディアの発明や普及に伴って、そのつど新たな工夫が重ねられ、日々、多様な方法が開発され実践されています。特にデジタル領域でのコミュニケーション技術の進展には目を見張るものがあります。

　しかし、手法や技術がいかに変化しようとも、人が他者とコミュニケーションを図ろうとする行為の基本的な構造は、昔からさほど変わらないのではないでしょうか。

　本章では、のちの各章に先立って、「宣伝広告の企画」にかかわる基本的な枠組みについて説明をしていきたいと思います。

「宣伝広告の企画」を学ぶポイント

□　「広告」の概念と広告活動の基本的な心構えを理解しよう。

□　企業などにおけるコミュニケーションの所在を意識しよう。

□　「企画」とはどういうことか理解しよう。

1-2. 第1章の全体像

　本章では「宣伝広告の企画」について、全12節にわたって述べますが、大きくは三つのポイントについて説明することになります。

　まず、「広告」の概念と広告活動の心構えについてです。今日の企業などにおけるコミュニケーション活動をどのように理解しておくべきか、企業から人々に働きかける際にはどのような姿勢で臨むべきか、を考えていきます。

　続いて、企業などにおけるコミュニケーション活動がどのような局面で行われ、それを考える際の要点はどのようなことかを理解していきます。

　そして最後に、企画という行為の要点や企画への臨み方の基本について考えてみることにしましょう。

第1章の全体像 　　　　　　　　　　　　　　　　　　（図表1－①）

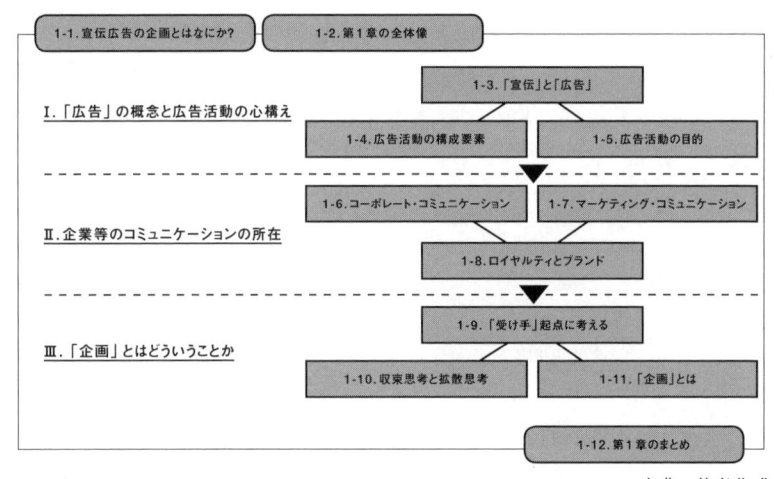

出典：著者作成

1-3. 「宣伝」と「広告」

「宣伝」とは

　「宣伝広告」という言葉は日常でもよく耳にします。「宣伝部」という部署を置く企業も少なくありません。つまり、「宣伝」という言葉自体は、日頃からなに気なく広く使われている言葉の一つといえるでしょう。

　その一方、歴史的な経緯を踏まえて、「宣伝」（propaganda）という用語には、受け手を一方的に「操作」することや、受け手に対し「脅迫的」であることが含意されるという見方もあります（たとえば、佐藤2015）。

　しかし、今日の多くの企業などのコミュニケーション活動が、決して「操作」や「脅迫」などではなく、メッセージの受諾や拒否が受け手の自由意思によって決定づけられるべきであるという前提によって成り立っていることは、読者のみなさんにも理解してもらえるでしょう。

　ここで強調しておきたいのは、慣例的に多用されている言葉であるとはいえ、「宣伝」という用語を用いる際には注意深くありたいということです。

「広告」とは

　「広告」という用語は伝統的に、①送り手である広告主がはっきりしていること、②特定の受け手（ターゲット）が想定されていること、③伝えたい内容があること、④有料の（マス）メディアを通して行われること、⑤送り手がなんらかの目的を持って行うことの五つが要

件とされてきました。

　たとえば、嶋村（2006）は、これらの要素を簡潔にまとめ、「広告」を「明示された広告主が、目的を持って、想定したターゲットにある情報を伝えるために、人間以外の媒体を料金を払って利用して行う情報提供活動」としています。

　しかし、実際の企業などにおけるコミュニケーション活動では、試行錯誤を重ねて新たな手法が次々と開発されています。したがって、一口に「広告」といっても、今日ではメディアに露出された広告物（Advertisement）をもってその様相を指し示すだけでは必ずしも十分とはいえません。

　今日、私たちが「広告」を考える際は、テレビCMや新聞広告などのマスメディア広告のみならず、たとえば、商品パッケージやイベント、企業サイトやSNS公式アカウントなども含めた、様々な形態をとり得る「広告活動」（Advertising）として捉えるほうが理解の助けとなるでしょう。

「広告担当者」の考えるべきこと

　つまり、企業などの「広告担当者」が自らの仕事の領域として考えるべきことは、表現制作物や露出媒体に規定されるのではなく、コミュニケーションの受け手に自ら（企業など）の伝えたい内容（意図）がいかに適切に「伝わる」ようにするかを、様々なコミュニケーション手法を考慮しながら企画することだといえます。

　そこでは、受け手を自らの思いどおりに「操作」「脅迫」しようとするものではなく、取捨選択の自由を持つ受け手に敬意を払った、送り手からの「提案」であり、双方の「対話」であることを強く意識することが欠かせません。

1-4. 広告活動の構成要素

　広告活動の構成要素については、古典的なコミュニケーションモデルを援用して考えるとわかりやすいでしょう(**図表1-②**)。

　まずは送り手となる①広告主、そして受け手となる②ターゲットオーディエンスです。送り手は、目的(意図)を持って、③広告メッセージを④メディアを通じて伝達することを試みます。そして、送り手の意図したような変化を受け手が起こしてくれることを期待するわけです。

　注意したいのは、メッセージが広告主の意図に沿ってターゲットオーディエンスに「伝わる」かどうか、そしてターゲットが「快く」意識や行動を変化させるかどうかという点です。コミュニケーション成立の決め手は受け手にあります。

広告活動の構成要素　　　　　　　　　　　　　　　(図表 1 - ②)

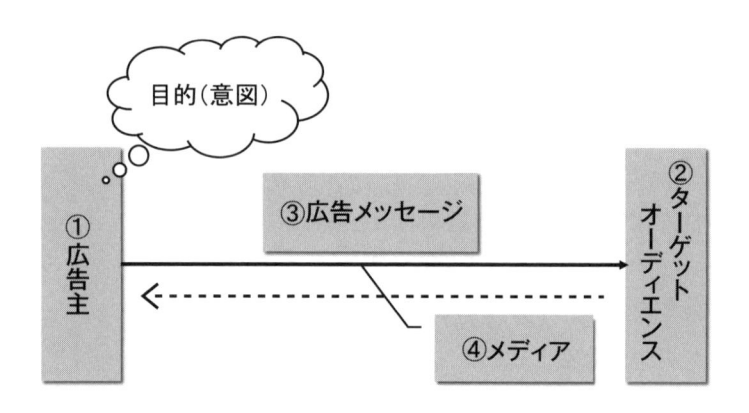

出典：著者作成

1-5. 広告活動の目的

　広告活動の送り手が受け手に期待する事柄にはいくつかの水準が考えられます。

　たとえば、広告投資額に見合った利益額を得たい、売り上げを高めたい、来客数を増やしたい、といった期待が挙げられるでしょう。しかし、広告活動だけに過度の期待を込めることは禁物です。なぜなら、広告活動が果たし得るのは、あくまでもコミュニケーション効果として受け手の心理的な変化を促すことであり、消費者の行動や企業利益を生み出す原因となる変数は消費者の心理的要因以外にも様々に存在しているからです。代表的なコミュニケーション効果については、**(図表1−③)** に示しておきます。

五つのコミュニケーション効果　　　　　　　　　（図表 1 −③）

(1)カテゴリー・ニーズの喚起	ターゲット顧客が望ましい状態を得るために、特定のカテゴリー（製品やサービスのジャンル）が必要だと認識すること
(2)ブランド認知の獲得	特定のブランドが、カテゴリーに属するものと認識されたりと、カテゴリー・ニーズの喚起に伴い思い出されること
(3)ブランド選好の獲得	特定のブランドが、競合する他のブランドと比べて相対的に好ましいものと思われること
(4)ブランド行為意図の喚起	「使用したい」「欲しい」というようなターゲット顧客の心の中の声を喚起すること（高リスクの商品やサービスの場合）
(5)購買促進	ターゲット顧客が情報探索や購買等の（負担の伴う）行動を行うように促すこと（高リスクの商品やサービスの場合）

出典：『戦略的マーケティング・コミュニケーション[IMCの理論と実際]』
ロシター＆ベルマン　東急エージェンシー、岸志津江監訳

1-6. コーポレート・コミュニケーション

企業のコミュニケーション領域の所在

　企業などが広告活動を行うのは、顧客をターゲットとした利益追求への貢献を目指す「マーケティング・コミュニケーション」の領域だけではありません。組織体が社会の一員として存続するのに欠かせない「コーポレート・コミュニケーション」と呼ばれる領域も存在します。利益追求のために組織体内部の人々のモチベーションアップを図ることもあります（**図表1−④**）。組織体を取り巻く様々な人々に、コミュニケーション活動（時に広告活動）を通じ、良好な関係性を維持構築していくことも、今日の企業などにとって欠かせない活動となっています。

ステークホルダー

　企業などとかかわる様々な関係者のことを総称して「ステークホルダー（stakeholder）」といいます。顧客もステークホルダーの一つですが、顧客以外にも様々なステークホルダーが存在します（**図表1−⑤**）。
　たとえば、企業内の社員、株主、事業所近隣の地域住民などが挙げられます。経営者にとって社員の働く意欲を高めることは重要な経営課題といえます。株主は投資に対するリターンを期待し、経営者の信頼性を問う存在です。そして、企業が円滑に事業を営むためには、事業にかかわる地域の住民支持を得ることも欠かせません。
　広告活動は、これらステークホルダーとの良好な関係性を維持向上させる目的でも行われます。

企業のコミュニケーション領域　　　　　　　　　（図表１－④）

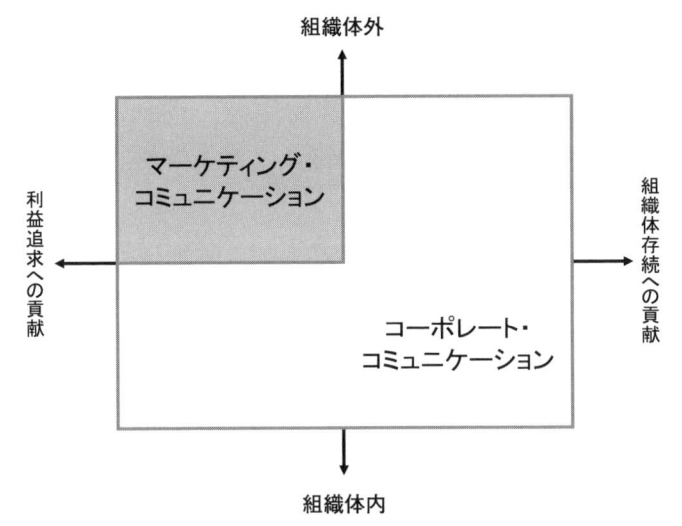

組織体外

マーケティング・コミュニケーション

利益追求への貢献

組織体存続への貢献

コーポレート・コミュニケーション

組織体内

出典：著者作成

企業を取り巻く様々なステークホルダー　　　　　（図表１－⑤）

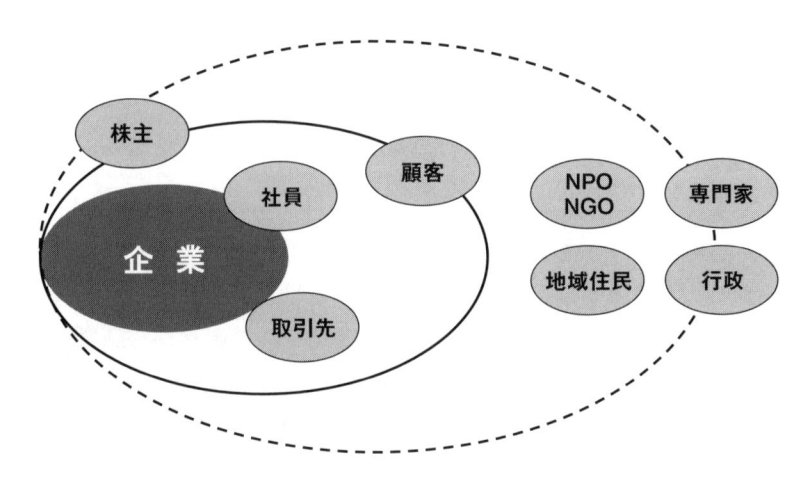

株主

社員

顧客

企 業

取引先

NPO
NGO

専門家

地域住民

行政

出典：『広報・パブリックリレーションズ入門』宣伝会議　猪狩誠也編著
「企業経営とパブリックリレーションズ活動」宮田穣 71-99 ページに加筆

1-7. マーケティング・コミュニケーション

　とはいえ、今日の広告活動の多くは、商品・サービス販売への貢献をはじめとするマーケティング活動の一環として位置付けられることが多いでしょう(**図表1-⑥**)。

　マーケティングの諸活動は、Product(商品)、Price(価格)、Place(流通)、Promotion(プロモーション)という四つの領域の活動(4P)を計画遂行し、ターゲットに自社の提供するベネフィット(便益)を提案して、受け入れてもらうことを目指すものです。

　そして広告活動は、そのうちのプロモーションの役割を担う手法の一つとして、単独あるいは他手法との組み合わせによってマーケティング戦略への貢献が求められます。

マーケティング・コミュニケーションの構成要素

　しかし、マーケティングのターゲット顧客の立場から見ると、企業や商品、サービスに関して、広告活動や人的販売、PR活動、販売促進活動だけしか目に映っていないわけではありません。

　たとえば、eコマース の手続きが煩雑であれば、その企業に対する好意的態度が薄れる可能性もあります。商品そのものから企業の理念や技術力を感じることもあれば、設定された価格から品質の良し悪しを推察し、過度の安売り商品には疑わしい気持ちを持つこともあります。企業側としては消費者に触れ得るすべての活動をコミュニケーションとして捉え、細心の注意を払うことが求められているのです(**図表1-⑦**)。

マーケティングの要素の中の広告の位置付け （図表1-⑥）

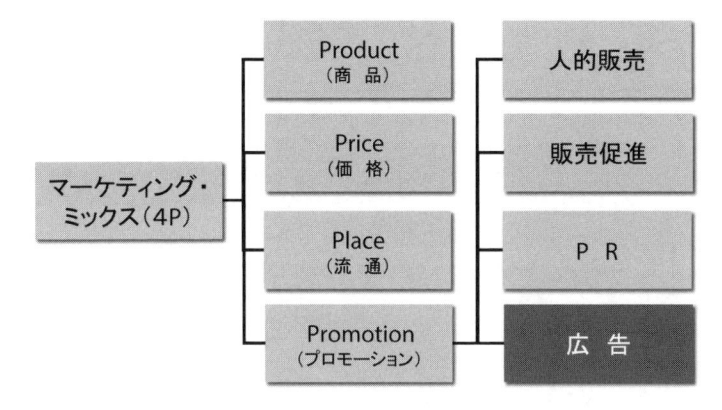

出典:『広告ビジネス入門2014-2015』
日本広告業協会P33に加筆

マーケティング・コミュニケーションの構成要素の拡張 （図表1-⑦）

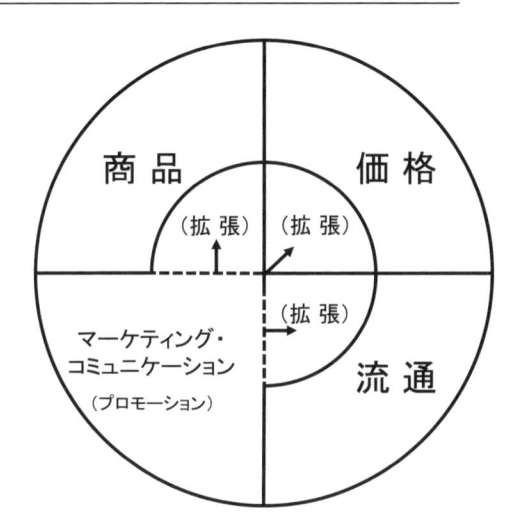

出典:『新マーケティング・コミュニケーション戦略論』日経広告研究所
亀井昭宏・ルディー和子編著、「マーケティング・コミュニケーションの本質と構成領域」
亀井昭宏P17より

1-8. ロイヤルティとブランド

　マーケティング活動の当事者にとって、常に意識しておきたいコンセプトが「ロイヤルティ」です。

　「ロイヤルティ」というと、実務家の間では購買頻度のような行動的側面から語られがちですが、行動的ロイヤルティだけに焦点を当ててしまうと重大なリスクを看過することにもなりかねません。どういうことかというと、リピート購買を重ねている顧客であっても、心理的に「仕方なく」「他で買うのが面倒だから」という理由で、惰性的に購入しているケースも考えられるからです。こうした人たちは些細なきっかけでたやすく離脱してしまう「偽りのロイヤルティ」顧客と位置付けられます。そうしたリスクを回避するには、「好きだから買い続ける」というような、積極的な心理的愛着を伴う「真のロイヤルティ」顧客の育成を意識する必要があるわけです（**図表1−⑧**）。

「ブランド」の捉え方

　このような「好きだから買い続ける」消費者の心理状態を構築し、育成する上で欠かせないのが、「ブランド」という考え方です。

　一般的に広く知られている考え方の一つに、「顧客ベースのブランド・エクイティ」というものがあります。米国の研究者ケビン・レーン・ケラーは「ブランドの力は、なにが顧客のマインドに残っているかにある」（Keller 2008）と言っています。これは、顧客一人ひとりの心の中にある、ブランドに関する好意的な評価や感情が、「好きだから買い続ける」源泉になるという考え方です（**図表1−⑨**）。

顧客ロイヤルティの四つの区分 （図表 1 －⑧）

心理的ロイヤルティ

低　　　　　　　　　　高

行動的ロイヤルティ　高
- 偽りの
ロイヤルティ → 真の
ロイヤルティ

行動的ロイヤルティ　低
- ロイヤルティ
なし
- 潜在的
ロイヤルティ

出典：『はじめてのマーケティング』有斐閣　久保田進彦・澁谷覚・須永努、
「マーケティングの構図」久保田進彦 P66 に加筆

顧客ベースのブランド・エクイティ（ブランド・エクイティ・ブロック）　（図表 1 －⑨）

レゾナンス
（強い愛着をともなうブランドと顧客との「同調」）

ジャッジメント
（ブランドに対する意見や評価）

フィーリング
（ブランドに対する感情的反応）

パフォーマンス
（機能面のニーズの充足度合い）

イメージ
（使用者、状況などのイメージ）

セイリエンス　（ブランドの思い出されやすさ）

出典：『戦略的ブランド・マネジメント 第 3 版』東急エージェンシー、恩藏直人監訳
P68 に加筆

　このような評価や感情を消費者の心に育むためには、ブランドと顧客の間の継続的なコミュニケーションを欠くことはできません。

1-9. 「受け手」起点に考える

　マスコミュニケーションの効果に関する研究では、「限定効果説」と呼ばれる捉え方がよく知られています。

　これは、マスコミュニケーションの説得効果が、受け手を弾丸で撃ち抜くような絶大な影響力を持つとされてきた古典的な見方を批判したものです。具体的には、マスコミュニケーションの効果は受け手自身の個人的・社会的要因に左右される限定的なものであること、そして、受け手がすでに持っている意見や態度の「先有傾向」を強化する方向に働きやすいことを主張しています。

　広告企画者としては、インパクトある広告表現を大量に露出すればよい、などと安易に考えるのではなく、広告のメッセージを受け手がどのように受け止めて意味付けるのか、という部分に焦点を当てて考えることが望ましいでしょう。

コンシューマー・インサイト

　そのように考えると、ターゲットとして想定される消費者の思考や心情を詳しく知ることが大切であることがわかると思います。

　広告の企画に当たっては、消費者を深く洞察する「コンシューマー・インサイト」の重要性が久しく指摘されています。

　コンシューマー・インサイトとは、消費者の行動や態度の根底にある本音を見抜くこと（日経広告研究所 2004）を指します。「イン

サイト＝洞察」という言葉が用いられているように、消費者の声を表面的な言葉づらだけで理解するのではなく、時に消費者自身も自覚していない欲求や思いを見極めることが求められるということです。

コンシューマー・インサイトを発見するには

　コンシューマー・インサイトを発見するには、顧客の購買履歴データや消費者意識のアンケート調査のデータを読み込むだけでは必ずしも十分ではありません。

　英米で活躍したジョン・スティールは、ターゲットを抽象的なグループでなく、個人として具体的な水準で理解することを強調しています（Steel 1998）。

　広告の企画者としては、まず自分自身が買い物をする時の心情をよくよく内省することが出発点です。自分とは性別や年代が異なるターゲットを考えるのであれば、相当する身近な人を思い浮かべて、その人の気持ちになって考えてみることが大切になるでしょう。

　広告に触れて、商品に魅力を感じ、「欲しい」と思う気持ちになるか否かは、消費者一人ひとりの微妙な心情の揺らぎにかかっているということです。

　したがって、マーケティング・リサーチにおいては、数字でデータが得られるような量的調査のみならず、特定の属性の消費者を対象とするインタビューのような質的調査も頻繁に行われています。こうしたインタビュー調査では、時に消費者自身も意識していないニーズや行動習慣が明らかになることもあります。

　今日、ビッグデータの活用について盛んに議論がなされていますが、可視化されたデータから消費者個人の心情を洞察し、広告活動にとって有意義なポイントを見いだせるかどうかは、企画者の想像力にかかっているといえるでしょう。

1-10. 収束思考と拡散思考

　広告活動においては、インパクトある表現をもたらすクリエイティブ・アイデアに目を奪われがちですが、多額の広告予算を投じて制作・出稿されるものである以上、入念に練り上げられた広告ストラテジー（戦略）の存在を強く意識したいものです。換言すれば、ストラテジーなき広告は、ビジネス活動の一環としての貢献が希薄になるという認識を持つべきです。

　したがって、広告担当者には、企業課題の解決に貢献する広告活動のストラテジーを構築する力が求められます。表現企画における広告ストラテジーの基本要素を（**図表1−⑩**）に挙げておきます。インパクトある表現アイデアとは、広告ストラテジーを起点に生まれるものであることを理解しておきましょう。

　広告ストラテジーの基本要素は極めてシンプルなものです。しかし、このシンプルなストラテジーを構築するためには、商品・サービスや広告を取り巻く膨大な情報を入手し、評価し、優先順位づけをしなければいけません。なぜなら、限られた時間や紙面の中で消費者にとってわかりやすい広告は「ワン・メッセージ」が鉄則だからです。ストラテジー構築の思考スタイルは収束思考といえます。余分な要素を徹底的にそぎ落とした広告ストラテジーから、最大限の伝わり方を目指すために無数のアイデアを探索するクリエイティブワークが始まります。この思考スタイルは拡散思考といえます。そして、生み出された無数のアイデアから実際に制作・出稿される一案を選択する判断基準となるのも広告ストラテジーなのです（**図表1−⑪**）。

表現企画における広告ストラテジーの基本要素　　　（図表1−⑩）

①広告の目的	広告でどのようなコミュニケーション目的を達成しようとするのか？
②広告のターゲット	コミュニケーションのターゲットは？
③インサイト	ターゲットの心を動かす決定的なコンシューマ・インサイトはどのようなことか？
④プロポジション（提案性）	商品やサービスがターゲットに約束できるベネフィットはどのようなことか？
⑤サポート・ファクト	④をターゲットが信じる根拠となる事実はどのようなことか？
⑥トーン・オブ・ボイス	どのような声の調子/雰囲気で伝えるか？
⑦与件	ビジネス上の現実的な制約など

出典：著者作成

広告企画の思考プロセスの概念図　　　（図表1−⑪）

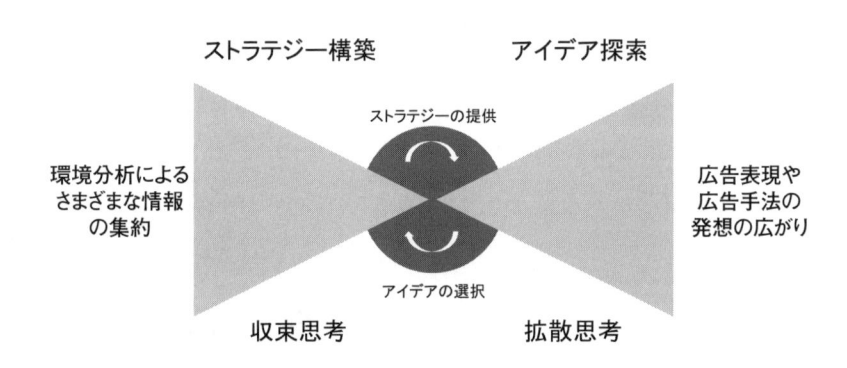

出典：著者作成

1-11. 「企画」とは

　著名な広告制作者である谷山雅計氏は、その著書で、広告コピーの目的は「『描写』ではなく『解決』」だと述べています（谷山 2007）。広告表現の企画とは、商品やサービスを見栄えよく描くことではなく、消費者の「今ある状況をなんとか変えてみせよう」とする将来への働きかけであることに注意したいと思います。

　加藤（2009）は、意思決定科学分野の知見を援用し、ブランド・マネジメントの企画枠組みとして、**（図表1−⑫）**のような図式を示しています。加藤は将来的な「①理想状態」（ゴール）と「②現状態」との差異に着目し、顧客のゴール実現の手段を「提案」する存在として、ブランドを位置付けています。

　理想状態を目指す消費者の動機には、不便さや不快さといった負の状態を解消しようとする課題解決の場合と、その時点では負の状態を認識していなくても、現状をさらに望ましい正の方向に高めようとする高次の理想実現の場合とが考えられます。

　企画者が取り扱おうとする商品・サービスのタイプやコンシューマー・インサイトを考慮して、消費者に対する適切な動機付けの道筋を検討する必要があるでしょう。

　テレビ番組などの企画で広く活躍している小山薫堂氏は、「企画はサービスで、サービスは『思いやり』だ」（小山 2010）と述べています。

　企画のターゲットとなる人が「もっと便利に、もっと楽しく過ごせるように」という思いを持ちながら、その手段となるアイデア探しに取り組むことが、企画者には求められます。

企画の考え方＜概念図＞

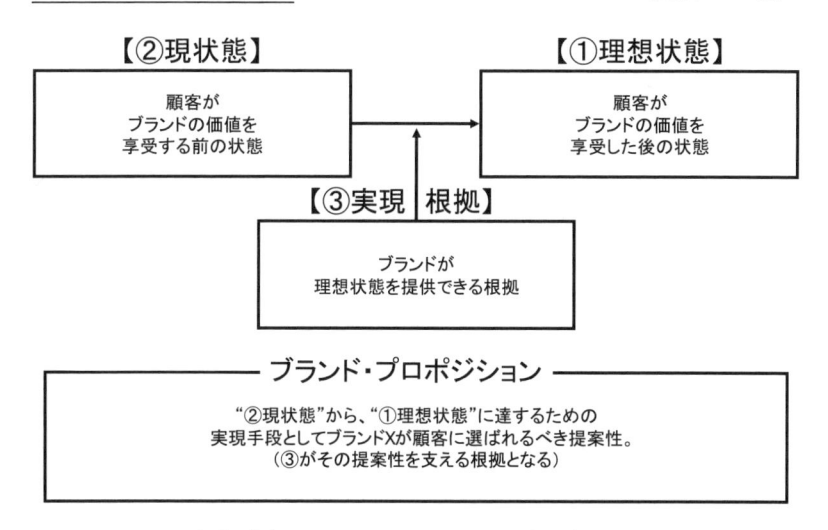

【②現状態】
顧客が
ブランドの価値を
享受する前の状態

【①理想状態】
顧客が
ブランドの価値を
享受した後の状態

【③実現 根拠】
ブランドが
理想状態を提供できる根拠

―― ブランド・プロポジション ――
"②現状態"から、"①理想状態"に達するための
実現手段としてブランドXが顧客に選ばれるべき提案性。
（③がその提案性を支える根拠となる）

出典：『ブランドマネジメント』日本規格協会　加藤雄一郎 P39に加筆

アイデアをどのように手に入れるか

　米国のJ.W.トンプソン社で活躍し、後に米国広告殿堂にも迎え入れられたジェームス・W・ヤングは、「アイデアとは既存の要素の新しい組み合わせ」であると述べています（Young 1975）。この言葉は、ブレーンストーミングと呼ばれるミーティング手法や、発想法として知られるKJ法にも通じるものがあるように思われます。

　優れたアイデアを手に入れるためには、企画者の発想を無意識に拘束している既成概念をあえて意識的に乗り越えること、さらに、それまでに見たことのない新しい要素の組み合わせを根気よく試行錯誤していく作業が不可欠です。

　そして、アイデア出しに集中した心をいったん落ち着けたあと、心に浮かび上がったアイデアを見直すことで、実現性を高めるための具体化を進めていきます。

1-12. 第1章のまとめ

これまでに見てきた「宣伝広告の企画」の基本的な考え方について、要点をまとめておきましょう。

「広告」の概念と広告活動の基本的な心構えを理解しよう

「広告」とは、「明示された広告主が、目的を持って、想定したターゲットにある情報を伝えるために、人間以外の媒体を料金を払って利用して行う情報提供活動」（嶋村 2006）といわれてきました。しかし、実際の企業などが行うコミュニケーション活動では、試行錯誤を通じて新たなコミュニケーション手法が登場し続けており、形態によって広告であるものと広告でないものを区別することは難しくなっています。

したがって、私たちが広告を考える際には、企業などの送り手が、受け手に対して、なんらかの意図や伝えたい内容をもって、様々な手段を通じて働きかけるような「広告活動」として考えることが重要な視点となります。

その際に注意すべきなのは、今日の企業などによるコミュニケーションは、取捨選択の自由を持つ受け手によってその成否が決定付けられるものであることを理解しておくことです。「伝える」ことよりも「伝わる」ということに焦点を当てて考えるべきです。

送り手は、消費者を「操作」しようとする発想に立つのではなく、受け手に「提案」を行い、「対話」を図るという心構えで臨むべきだといえるでしょう。

企業などにおけるコミュニケーションの所在を意識しよう

　広告活動は通常、企業によるマーケティング活動の一環として位置付けられがちですが、企業はそれ以外にも様々なステークホルダーを対象としたコミュニケーション活動を同時多発的に営んでいます。したがって、広告活動を考える際には、対象となるターゲットオーディエンスを明確にし、そのターゲットオーディエンスに対する広告活動の目的を明確にすることが重要です。これらは広告ストラテジーの重要な要素でもあります。

　注意したいのは、広告活動が直接的にもたらし得るのは、ターゲットオーディエンスの心理に対するコミュニケーション効果であるということです。つまり、企業とターゲットオーディエンスとの間のコミュニケーションを通じて、ターゲットオーディエンスの心の中に良好なブランド・エクイティや心理的ロイヤルティが育まれる姿を思い描くことが大切です。

「企画」とはどういうことか理解しよう

　「企画」とは、現状態を理想状態に向けて変えようとする、将来への働きかけであることを意識しておきたいものです。

　将来への変化に向けた様々なアイデアが考えられる中で、消費者の現状態を理想状態に近づけるために、ブランド（企業や商品、サービス）が消費者にどのような「提案」を行うことができるかを考え、広告ストラテジーの明確な企画を選ぶことが求められます。

<了>

第2章

宣伝広告の役割と
担当者に
求められること

執筆：サン・アド
コミュニケーション ブレンダー
和田龍夫

2-1. 宣伝広告の担当者に求められる役割とはなにか？

　私はクライアントである企業の宣伝部（「オリエン」する側）と、まったく逆の立場である制作会社のクリエイター（「オリエン」を受ける側）という双方の立場で仕事をするという、なかなか得難い経験を積んできました。

　具体的にはサントリーの宣伝部で、「ザ・プレミアム・モルツ」「金麦」「オールフリー」「角ハイボール」「山崎」「ジムビーム」「-196℃」「ほろよい」などの数多くのブランドを担当し、サン・アドでは、日本郵便の「年賀状広告」や、Yahoo! JAPANなど数多くのクライアントとの仕事に携わってきました。

　市場や顧客が異なる複数のクライアント企業の経営トップの方々とのセッションや、デジタル系のクリエイター及びテクノロジストの方々との交流は刺激的で、これからの時代の宣伝・コミュニケーションのあり方について多くのことを学ぶことができました。

　私は自分の職種を「コミュニケーションブレンダー」と呼んでいます。コミュニケーションブレンダーには、「クライアント経営者の視点」「クライアント広告担当者の視点」「広告代理店の視点」「クリエイティブディレクターの視点」「顧客の視点」「世の中の視点」など、様々な視点をブレンドすること（マルチアングルを持つこと）により、今までより高い視座（ハイアングル）で企業のコミュニケーション全体を俯瞰し、より有効で血の通ったコミュニケーション・デザインの構築ができるプロフェッショナルという意味を込めました（図表2-①）。

　それは、ウイスキーのブレンダーが熟成という時間軸も考慮した上で、その五感をフルに活用し、多種多様な原酒をブレンドするこ

とにより、力強くかつ洗練された味わいを完成させていくような匠の技にインスパイアされた言葉です。

　本章では、このコミュニケーションブレンダーの視点から、宣伝広告の担当者に求められる役割について、述べていきたいと思います。

コミュニケーションブレンダーの概念図 　　　　　　　　　（図表2－①）

【これまでの視点】（ディファレントアングル）
・広告主、広告会社がそれぞれの視点から企業や顧客を見てきた

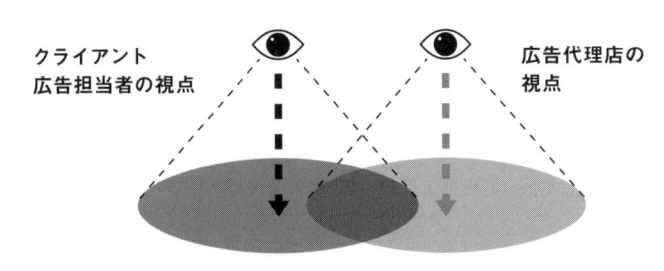

【コミュニケーションブレンダーの視点】（マルチアングル×ハイアングル）

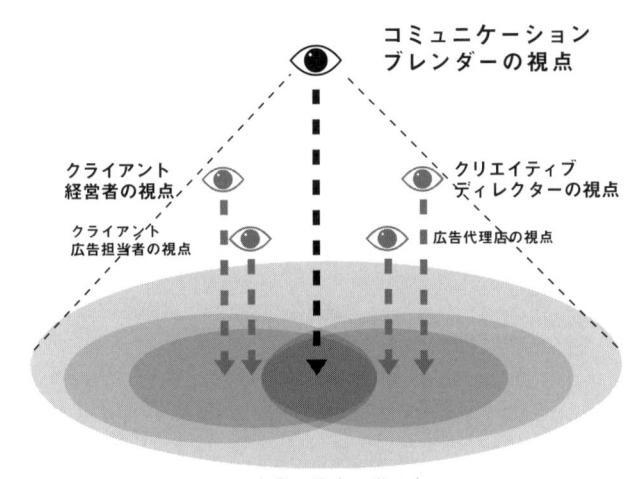

出典：著者作成

第2章のポイント

□ 「マーケティングとは経営そのもので、消費者に自社を愛して
　もらうことが最終的なゴールである」こと。
　（経営≒マーケティング≒コミュニケーション＞宣伝）

□ 宣伝部の存在意義は、企業サイドのメッセージをターゲット
　層に自分ゴト化してもらうと同時に、社会的な共感を獲得す
　ること。
　そして、結果としてそれがコミュニケーションROIの向上、さ
　らにはライフタイムバリューの最大化に寄与すること。

□ これからの宣伝部は単なる広告の担当部署ではなく、企業や
　ブランドのトータルコミュニケーションの中核組織として機
　能していくべきである（マスを中心とした「宣伝・広告」から
　デジタル／ソーシャルも含めた「コミュニケーション・デザイン」
　へ）。

□ 宣伝部にとって一番関係性の深いビジネスパートナーが広告
　代理店。今後はクライアントのWinと代理店のWinが両立
　するような取引制度が重要となってくる。

□ 宣伝担当者は「不易流行」に常に敏感であるべきである。また、
　世の中に対し大きな影響力のある仕事の一端を担っていると
　いう矜持を持つとともに、多額な宣伝費を扱う立場であると
　いうことに対して謙虚であらねばならない。最後に問われる
　のは人間性。

2-2. 第2章の全体像

　本章では、これからの宣伝部（コミュニケーション組織）のあり方について考えていきます。

　「伝えたい相手（あなたのことです）」には、企業の宣伝部門に配属されて3年目ぐらいまでの社員をイメージしました。ある程度、会社やブランドのことはわかっているけれど、宣伝・コミュニケーション領域は初めてといったレベルの方です。

　また、そのような方だけではなく、コミュニケーションに携わるすべての方に読んでいただくことも前提にしています。

　「伝えたい内容」は、デジタル化が加速度的に進み、不連続に変化していくこれからのコミュニケーション領域において、あるべき宣伝部の未来像です。

　「最終的なゴールイメージ」は、あなたに宣伝・コミュニケーションの仕事を好きになり、プロフェッショナルとしての矜持を持って活躍してもらうことです。

　専門用語も多々出てきますが、それこそ「検索」すればすぐわかるレベルのものにとどめていますので、スマートフォン片手にそのつど確認しながら読み進めていただいても構いません。

　10年前には想像できなかった読書スタイルです。まさに、あなた自身の情報の取り方が変わってきているのが実感できませんか？

　またSNSの発展により、今まで情報の受け手だった生活者が情報の発信者に成り得る手段を手に入れました。コミュニケーションのスタイルは一方通行から、双方向に変わりつつあります。一方でAmazonや楽天などのeコマースはもはや当たり前の時代になってきました。

本章では、こういうライフスタイルや情報の取り方の変化に対応した、新しい時代のコミュニケーション組織のあり方がメインテーマとなります。

変化する世の中・生活者 （図表2－②）

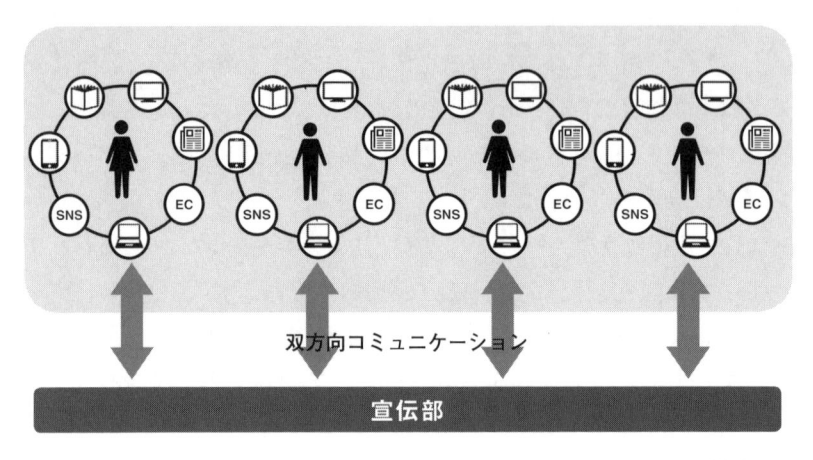

双方向コミュニケーション

宣伝部

出典：著者資料をもとに編集部作成

2-3. 経営とマーケティングとコミュニケーションについて

まずは経営とマーケティングとコミュニケーションの関係について考えてみましょう。

一般的に、経営とは「ヒト」「モノ」「カネ」「情報」のマネジメントであるといわれています（「情報」は近年、付け加えられた経営資源です）。

人事戦略、財務戦略と並んでマーケティング戦略がその基本戦

略に当たるでしょう。そういった意味では、マーケティングは経営の一要素に過ぎないということになります。**（経営＞マーケティング？）**

　ただし、一方で、経営・マーケティングの巨匠であるフィリップ・コトラーはこう言っています。
　「マーケティングとは経営そのもので、顧客に自社を愛してもらうことが最終的なゴールだ」
　つまり、ゴーイングコンサーン[1]の視点から考えると、経営とマーケティングは上下関係ではなく、非常に近しいものだといえるのではないでしょうか。**（経営≒マーケティング）**

　それでは、ここですでにご存じの方も多いと思いますが、マーケティングの基本となるSTPと４Pについて少しだけ解説します。４Pについては第1章にも説明がありますが、よりわかりやすいように、あなたの会社が新製品を上市する場合のマーケティングを想定してみましょう。

STPについて

　STPとは、マーケティング目標を達成する上で、どの市場を狙い、どのような立ち位置で市場にアピールするのが最も効果的な手段かを決定するプロセスのことで、セグメンテーション（Segmentation）、

---

[1]　ゴーイングコンサーン
「継続企業」という意味。会社は一度つくられると、人間と違って「死ぬ」ことが予定されていない。会社は貴重な雇用の場であり、社会に必要な商品やサービスを提供する生産活動の源であり、そのため会社が倒産や廃業をしないように、半永久的に継続していくことが会社の社会的責任だといわれている。

ターゲティング（Targeting）、ポジショニング（Positioning）の頭文字を取った略称です。

①セグメンテーション（Segmentation）：具体的には、あなたの会社の新製品を発売する市場を細分化し、どこを狙えばいいのか判断するために、市場を切り分ける軸を定めることで、基準をつくります。

　従来の単純な考え方は「年齢」「性別」「地域」といったデモグラフィックな分け方でしたが、現在は「価値観」や「ライフスタイル」「認知行動モデル」（詳細は第3章で説明します）といった考え方が重要視されています。

②ターゲティング（Targeting）：セグメント化した結果、競争優位を得られる可能性が高い、自社の参入すべき市場セグメントや標的顧客を設定するのがターゲティングです。

　近年では複数のセグメンテーション軸を組み合わせて、コアターゲット、サブターゲットと組み合わせるやり方も増えてきました。

　本章では、みなさんにわかりやすいようにターゲットという言葉を使っていきますが、ソーシャル全盛の現在ではターゲットという言葉は少し時代遅れになってきたかもしれません。これから使用する「ターゲット」という言葉に関しては「関係性を構築すべきファン及びその予備軍」だと読み替えていただいても構いません。

③ポジショニング（Positioning）：ターゲットが決まったら、新製品の立ち位置の決定に移ります。「ポジショニング」という言葉どおり、「独自かつ魅力的な位置（ポジション）」の確立がその役割です。ポジショニングの要諦は、顧客（市場）に認識される立ち位置を確立することです。

　自社がいくら自分で魅力的だと訴えても、顧客から魅力的だと映らなければポジションは確立できません。

　特に今の時代は、ターゲット顧客に対してだけでなく、ソーシャルな視点からも魅力的なポジションを獲得していく必要があります。

4Pについて

STPによりマーケティング戦略の基本的な方向性が定まると、次には4P（Product、Price、Place、Promotion）で実際の各個別戦略が策定されます。

今回の場合は以下のような議論が想定されます。

・Product
　新製品のコンセプトは、中身は、パッケージはどうするか？
・Price
　価格は市場浸透価格でシェアを取りに行くのか、プレミアムポジションを築くのか？
・Place
　どこで売るのか、既存流通チャネルか、eコマースか、直販か、あるいは最新鋭のオムニチャネル※2なのか？
・Promotion
　どういう広告・販促プロモーションが効果的か、デジタルメディアやSNSはどうするのか？

そして、この4Pの中で、この10年の間でIT革命による劇的なパラダイムシフトがあったのが広告（Promotion）の領域です。

ソーシャルメディアの普及により、コミュニケーションの主体が企業から顧客側に変わりつつあります。

そういった意味で、昨今では、「4P」をベースにして新たにつくられた「4C」というフレームワークが注目されています。

※2　オムニチャネル
　店舗やイベント、ネットやモバイルなどのチャネルを問わず、あらゆる場所で顧客と接点を持とうとする考え方やその戦略のこと。

　4Pが企業側の視点で考えられた理論であるのに対して、「4C」というのは、顧客側の視点で考えられた理論になります。

【4P：4C】

製品（Product）：顧客価値（Customer Value）

価格（Price）：顧客にとっての経費（Cost）

流通（Place）：顧客利便性（Convenience）

広告（Promotion）：顧客とのコミュニケーション（Communication）

　そして、近年になって経営資源に「情報」が付け加えられたように、コミュニケーション領域の強化は企業の中で大きなテーマになっています。

　今や企業のマーケティング活動の中で、最重要視しなければならないポイントはコミュニケーションである、といっても過言ではないでしょう。

　つまり、経営とマーケティングとコミュニケーションは非常に密接につながっており、いずれも「顧客に自社を愛してもらうこと」に帰結するように思います。

（経営≒マーケティング≒コミュニケーション）

　ここでコミュニケーションと宣伝の関係について少し触れておきましょう。

　企業が自らメディアを持ち、一方でソーシャルメディアの影響力が大きくなっている現在においては、「お金を払って媒体の枠を買い、広告を出稿する」という狭義な意味での宣伝の役

割は終わろうとしています。

　デジタル／ソーシャル化が加速度的に進む現在、企業の宣伝部は単なる広告の担当部署ではなく、マーケティング・コミュニケーションの中核組織として機能していかなくてはなりません。

経営≒マーケティング≒コミュニケーション＞宣伝

これからの宣伝部の担当領域

2-4. 宣伝部の存在意義について

では、宣伝部の存在意義とはなんでしょうか?

私は、それを「企業サイドのメッセージをターゲット層に自分ゴト化してもらうと同時に、社会的な共感を獲得すること。結果としてそれが、『コミュニケーションROI※3の向上』、『ライフタイムバリュー※4の最大化』につながること」であると考えています。

今では大企業の多くがグローバル化と多角化の中で、事業部制の組織体制を取っています。

そして、タテ軸の事業部制に対し、ヨコ軸の機能別組織として宣伝部は位置付けられているところが多いように思います。(いわゆるマトリクス型組織（**図表2－③**）参照)

宣伝部の中には、規模の経済性の視点でメディアバイイングに特化した組織もありますが、本章では、クリエイティブ／コンテンツ開発から、クロスメディア設計、バイイングに至る一連のコミュニケーション機能を有する「総合型宣伝組織」を想定して話を進めていきますので、ご了承ください（そのほうが宣伝・コミュニケーションの全容がわかりやすいからです）。

マトリクス型組織の利点としては、組織の壁を壊しやすく、グループ間の関係をタテ（事業軸）、ヨコ（機能軸）とクロスする

※3　ROI
Return On Investment：投資収益率。
※4　ライフタイムバリュー
顧客生涯価値のこと。一人当たりの顧客が、製品の購買者となってから離れていくまでの間にもたらしてくれる価値や利益を示す長期的な指標のこと。

マトリクス型組織の例

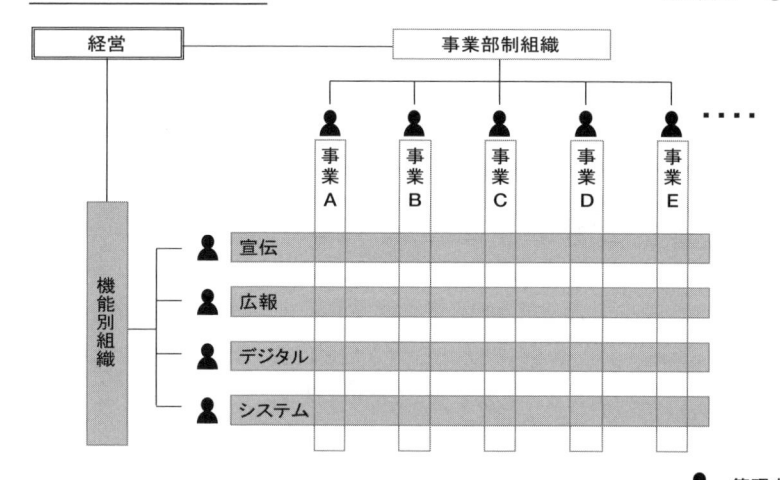

=管理者
出典：著者作成

　ことで全体を俯瞰しやすくなることが挙げられますが、一方で管理者が複数になるため、責任・権限があいまいになるというデメリットも生じてきます。

　一般的に、事業部には売り上げと利益のプレッシャーが非常に強くかかるため、宣伝・コミュニケーションに対してもそれがダイレクトに影響してきます。

　たとえば、新製品の広告に関しても、とにかく「いかに自社製品が優れているかをストレートに伝えてほしい」ということになりがちです。俗にいう「自慢型広告」のことです。

　モノが不足していた高度成長期なら、広告が目立っているだけでも売れたでしょう。十数年前でも商品のUSP（ユニーク・セリング・プロポジション）がはっきりしていたら、まだ有効だったかもしれません。

　しかし今では、プロダクトのちょっとした優位性を声高に宣伝したところで、世の中は反応してくれません。生活者は情報洪水の中

で耳を塞いでいるからです。

（**図表2−④**）をご覧いただくとわかるように、この約10年間で流通情報量は劇的に増加し、もはや消費情報量を圧倒的に上回っています。インターネットの普及から始まり、スマートフォンの登場といったメディアやデバイスの多様化により、生活者のライフスタイルもまったく変わってしまいました。

生活者は自分で処理しきれない情報をシャットアウトするようになり、自慢型の広告は拒否されるどころか完全にスルーされてしまうのです。ですから、企業が一方的に言いたいことを、ターゲット顧客が「聞きたい情報」に変換することが大切になります。

それが、機能部署として宣伝部が果たすべき役割なのです。

しかも、伝える手段はどんどん増加する一方ですし、顧客の認知行動モデルも多様化し、そして複雑化しています。

「広告が効かなくなった」といわれて久しいですが、私は効かなくなったのではなく、従来のやり方だけでは通用しなくなった、というふうに捉えています。

真摯にターゲット顧客のインサイトと世の中の空気感を理解し、企業サイドのメッセージを彼らの聞きたい情報に変換することができたら、それはきっと伝わるはずです。

メディアやツールのバリエーションも飛躍的に増えてきました。

ターゲット顧客にマス広告でアプローチするのか、SNSでの間接的な推奨を狙うのか、世の中全体の共感を集めるような大きなイベントをするのか……など、大きな判断が必要とされます。

いずれにせよ、生活者と向き合う誠実さが重要になってきます。

そうして、ようやく耳を塞いでいたターゲット顧客が「自分ゴト化」していくのです。

そのためにも宣伝部は社内外のあつれきを恐れず、あくまでも軸足をターゲット顧客と世の中に置いて、ニュートラルなポジション

各情報量の推移

（平成13年度=100）

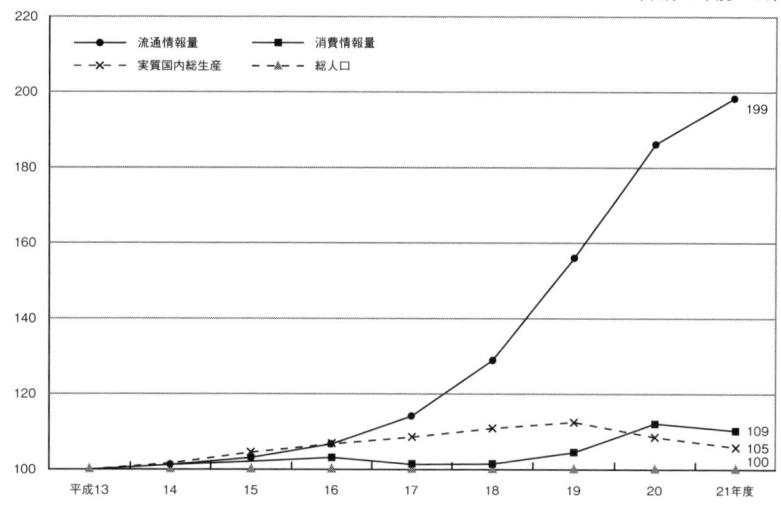

出典：総務省「情報通信白書平成23年度」

＊生活者が消費できる情報量（消費情報量）は2001年（平成13年度）から2009年（平成21年度）の8年間を見てもほとんど変わらない一方で、世の中に流れている情報量（流通情報量）は、199％と加速度的に増加しています。さらに2009年以降、2014年までの5年間で流通情報量は3.6倍に増加が見込まれるという調査データもあり、その差は年々拡大しているといえます。

を堅持しなければなりません。

　もちろん、企業・ブランドにとって売り上げは最も重要な目標の一つです。しかし、「売らんかな」の姿勢が逆効果を招いているのも事実なのです。

　ここで、最近、重要視されている「コミュニケーションROI」について考えてみましょう。

　一般的にROIとは投資した資本に対して得られる利益の割合のことですから、「I」の部分は単純に「投下した広告・コミュニケーション費用」と考えればいいでしょう。ただし、自社サイト制作やソーシャルメディア対応にかかるコストについても、そこにかかわる社員の人件費も考慮して、広告費とみなすべきだと思います。

　問題は「R」になにを置くかです。まずは当該商品の「短期的な売り上げや利益」がReturnに当たるでしょう。それは間違いではありませんが、ややもすると「縮小均衡」への悪循環に陥ってしまう危険性があります。

　また、コミュニケーションとの相関係数の高い中間指標として、ブランド認知率や広告認知率などを置くケースもあるようですが、認知ベースからファンベースへと行動モデルが変化する現在においては、「R」を「その企業やブランドのファンを増やすこと」というように捉えて、ファン化指標（たとえば、ブランドロイヤルティの高いユーザーの増加率やSNSなどでの正味口コミ推薦比率）を指標に置く考え方もあるように思います。

　いずれにせよ、宣伝部としては「短期的な売り上げ・利益増」だけでなく、「顧客のファン化」も含めた双方の視点を持ちながら、コミュニケーションROIの向上を目指していく必要があるのです。

　そのためにも、広告費は純粋に購買部門が扱うようなコストではなく、投資であると考えたほうがいいように思います。

広告費の考え方

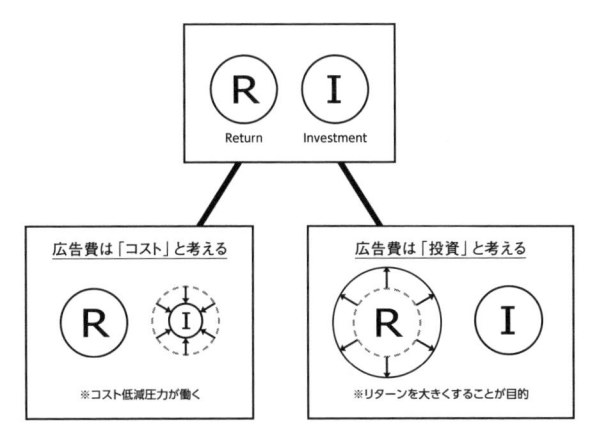

出典：著者作成

　さらに、中長期的な経営視点で見ると、コミュニケーションROI
の上位概念として「ライフタイムバリュー」が位置付けられるように
思います。

　フィリップ・コトラーがいうように「顧客に自社を愛してもらうこと」
がマーケティングのゴールだとすれば、最終的にはライフタイムバリュ
ーを大きくすることに行き着くのではないでしょうか？

　もちろん、ライフタイムバリューにはすべての企業活動が影響し
てきます。ただ、その中でコミュニケーションの役割は非常に大き
いと思います。

　実際に、それを痛感したのが2011年の東日本大震災時にオンエ
アした「歌のバトンリレー」という企画です。その時の私は大きな悲
しみの中で、宣伝部ができることの限界・無力感を感じていました。
とにかくすべてのCMがAC（公益社団法人 ACジャパン）のCMに
差し替わらざるを得ない状況だったのです。

　震災の4日後になってようやく「自分たちの力で東北の人たちを
応援できることはないか？」と少し前向きに考えられるようになり、

あの企画が生まれました。ここで大事なことは、企画を考える以上に「いかに実現するか」「一日も早くオンエアに結び付けるか」ということでした。忙しいスケジュールの中、ボランティアで参加してくれたキャストのみなさん、業界の垣根を越え、寝食も忘れて協力してくれたスタッフのみなさん、その他多くの関係者のおかげで、考えられる最短の4月上旬からオンエアすることができました。

オンエア直後から被災者の方々をはじめ、日本中の方々から「元気をもらった」「涙が出て止まらなかった」「CMをつくってくれてどうもありがとう」といった声がたくさん寄せられました。本当に実現できて良かったと心から思っています。

これは、まったく普段のマーティング活動とは異なる取り組みで

サントリー「歌のバトンリレー」 （写真2−⑥）

出典：サントリーから画像提供

矢沢永吉さん、坂本龍一さん、松田聖子さん、トミー・リー・ジョーンズさん、本木雅弘さん、竹内結子さん、檀れいさん、石原さとみさん、吉高由里子さん、高橋克実さんなど、当時契約していた歌手や俳優、タレントの方々、総勢71名のみなさんにボランティアとして出演していただき、「上を向いて歩こう」「見上げてごらん夜の星を」の歌を順番に歌っていただきました。震災の悲しみを癒したいという思いをつないでいくことで、日本中の人々の気持ちに絆の輪を広げていくことができればという願いで制作しました。

したが、5年経った今思うことは、あの広告がきっかけとなって、「少しは世の中の役に立つことができて良かった。結果として多くの方にサントリーのファンになってもらえて良かった」ということです。

これはレアなケースですが、私たちが普段やっているコミュニケーション活動が、最終的に将来におけるライフタイムバリューに結び付いていると考えれば、単に商品を売ること以上にモチベーションも上がりますし、近視眼的にコミュニケーションを評価することもなくなるでしょう。

2-5. これからの宣伝組織のあり方について

それでは、これからの宣伝部はどうなっていくべきでしょうか？

私はこれからの宣伝部は、従来の広告担当部署という枠を超え、マーケティング・イノベーションの担い手としてますます重要度が増してくると考えています。

事業・広報・デジタル・CSR（Corporate Social Responsibility：企業の社会的責任）といった企業の多岐にわたる組織を、コミュニケーションROIの向上に向けて束ねていく、ハブ的な役割が求められてくるでしょう。

そうなってくると、もはや「宣伝部」という名称自体が古く感じられるかもしれません。概念的には「コミュニケーション・デザイン」全体を束ねる部署といったほうがしっくりくるように思えます。

ここで、コミュニケーション・デザインという考え方を整理するため、博報堂が提唱している「POEマトリックス™」を見てみましょう。（図表2-⑦）

POEマトリックスで見るコミュニケーション・デザイン全体像（例）　　（図表2-⑦）

	マス	デジタル	リアル
Paid Media	テレビ 新聞・雑誌 ラジオ	Webバナー リスティング	屋外広告 POP 折込チラシ
Owned Media	-	自社サイト	工場 自社流通チャネル
Earned Media	マスメディア 掲載記事	ブログ SNS	リアルクチコミ 体験イベント

出典：博報堂DYメディアパートナーズ

　POEとは、「Paid」「Owned」「Earned」という従来になかった新しいメディアの切り口のことで「トリプルメディア」とも呼ばれ、現代マーケティングのキーワードの一つとして注目を集めています。

①Paid Media：媒体費を支払って買うメディアのこと
　　　（一般的に「メディア」と呼ばれ、クライアントが露出を買うメディア）

②Owned Media：自社で所有するメディアのこと
　　　（ブランドサイトや企業ブログ、工場、自社流通チャネルなど）

③Earned Media：生活者から評判を得るメディア
　　　（報道番組／記事、ソーシャルメディアなど）

　縦のセルをPOEで3分類し、横のセルを従来のメディアの切り口であった「マス」「デジタル」「リアル」で3分類した9セルがPOEマトリックス™です。

　このフレームを使うと、多岐の部署にまたがって複雑化したコミュ

ニケーションの全体像（これこそがコミュニケーション・デザイン）を俯瞰して見ることができます。

従来の宣伝部では主に「マス」の「Paid」メディアを扱ってきました。今でも広告費全体に占める割合は一番多いでしょう。

しかし、前述したとおり、今の世の中を動かしていくには、それだけでは不十分であり、コミュニケーション・デザイン全体の設計が必要なのです。商品やターゲット顧客によっては「マス」の「Paid」メディアは必要ないかもしれません。

次に、POEマトリックス各領域の主な担当部署を見てみましょう。

POEマトリックスにおける担当部署一覧（例）　　　　　　（図表2−⑧）

	マス	デジタル	リアル
Paid Media	宣伝部	宣伝部 （デジタル部）	宣伝部 （事業部）
Owned Media	−	広報部 （デジタル部）	広報部 （事業部）
Earned Media	広報部	広報部 （デジタル部）	広報部 （事業部） （CSR部）

出典：博報堂DYメディアパートナーズ

ご覧のように、「宣伝部」「広報部」「事業部」「デジタル部」と担当部署が多岐にわたっています。会社によっては事業部のブランドマネージャーがコミュニケーション全体を束ねるケースもあるでしょう。

ただし、これだけ複雑化し日々進化するデジタル領域まで見ると

なると、ただでさえ日々の売り上げに苦労し、商品開発から販促キャンペーン、営業施策まで管轄するブランドマネージャーには負担が大き過ぎるように思います。（**図表２-⑧**）

　ここはやはりコミュニケーション領域のプロフェッショナルが必要となるのではないでしょうか?

　そして、それを担うべき部署が宣伝部なのです。

　なぜなら、ブランドマネージャーに一番近い存在であり、かつ、これまでのマス広告で培ってきたユーザーインサイトや世の中の空気感を読むスキルとクリエイティブ／コンテンツの開発スキル（これはデジタルの世界でも通用する大切なポイント）を有する組織だからです。

　もちろん、従来のやり方はもはや通用しませんから、ますますデジタルやソーシャルメディアへの対応力も強化していかなければなりません。場合によってはコミュニケーション・デザインの最適化の視点で、関連部署の再編を行うことも必要になってくるかもしれません。

　そして、日本でもCMO（Chief Marketing Officer：最高マーケティング責任者）制度に続いて、CCO（Chief Communication Officer：最高コミュニケーション責任者）という役割が注目を集めてくるでしょう。

2-6. 広告代理店制度について

　宣伝部にとって一番関係性の深いビジネスパートナーが広告代理店です。広告宣伝業務は非常に専門性が高い分野なので、クライアント内で完全に内製化するのは難しく、外部戦力の力を借りることが多いです。今では広告代理店の業務は、コミュニケーションの領域のみならず、マーケティング全般の戦略立案から実施にいたるまで、多岐にわたります。

　広告代理店との取引制度は、大きく「コミッション制度」と「フィー制度」の二つに分かれます。

　日本の場合は、広告会社がそもそも「広告媒体を取り次ぐ代理店」からの発展形だったため、メディアの広告枠やそこに載せる広告制作物を広告主（クライアント）に売り、手数料（コミッション）を得るという「コミッション制度」が基本的なビジネスモデルとなっています。また付帯サービスとして、顧客企業の商品開発、顧客企業や取り扱う製品のイメージの構築、イベントのプロデュースあるいは運営を行っているケースも多く見られます。実はこのようなコミッション制度をとっているのは、世界では少数派なのです。

ほとんどの国は「フィー制度」を取っています（こちらがグローバルスタンダード）。フィーはそのプロジェクトに対してかかるコストに基づいて計算します。考え方としては、「これだけの仕事をするためには、これだけの人をこれだけ拘束するから、それぞれの給料から見た人件費と会社の固定費などを乗せたもの」がベースになります。

　フィー制度のメリットは、予算規模に関係なく一定のクオリティを代理店が提供できるという点です。

　たとえば、あるプロジェクトを行うとき、代理店はWeb広告が最も効果的だと思っても、コミッション制を取っている限り、自分の取り分が少なくなるような提案はしません。ビジネスとしてメディア費を大きくしようとするバイアスがかかります。コミッションのマージンが15％のとき、1億円のテレビスポットを提案すれば1500万円ですが、2000万円のネット広告案では300万円しかもらえません。

　フィー制で、たとえばフィーが500万円だとすると、エージェントはどちらを提案しても500万円の収入が確保できるので、予算規模に縛られないメディアニュートラルな視点での提案が可能になるのです。

　デジタル化によりメディアを取り巻く環境が不連続に変化している現状を考えると、今後は日本でも「フィー制度」の導入が進んでくるでしょう。

　現時点では、フィー制度も色々と運用上の課題を有していますが、今後は、クライアントのWinと代理店のWinが両立するような方向でフィー制度が進化していくことが望ましいと考えます。

2-7. 第2章のまとめ：宣伝担当者の心構え

　本章のまとめとして、宣伝担当者の心構えについてお話ししたいと思います。

　まず、本書を読んでいるあなたは、宣伝担当者かそれに関連する方、興味がある方だと思います。

　もし、新しく宣伝部に配属された方なら、本当に大きなチャンスに恵まれたと思ってください。会社の経営に直結し、世の中の未来に対して大きな影響力のある仕事の一端を担うことになるのですから。

　また、宣伝部に配属されて数年経った方なら、いろいろと思いどおりにいかないことも経験されてきたでしょう。しかし、コミュニケーションの世界が激変している今こそ、宣伝部の存在意義が問われているのであり、そのタイミングで宣伝部に所属しているということに誇りを持つと同時に、自らの変革への覚悟を決めてください。環境変化の激しい今こそがその時なのです。

　そして、みなさんに共通してお伝えしたいことは「不易流行」に常に敏感でいてほしいということです。「不易」とは言葉のとおり、「いつまでも変わらない本質的なもの」のことで、基本的な人間の欲求やインサイトはそれに当たると思います。

　どんなにデジタル化が進み、人工知能（AI）によってほぼ人間に近いヒューマノイドができたとしても、人間の基本欲求は変わらないと私は思います。

　サントリーの大先輩でもある開高健さんのコピーがそれを端的に言い表しています。

　「『人間』らしくやりたいナ、『人間』なんだからナ」

　一方、流行とは時代時代に応じて変化していくものです。まさに、デジタルの世界そのものでしょう。インターネットの普及から始まり、スマホデバイス、クラウドコンピューティング、IoT（Internet of Things）、Big Data、DMP※5（Data Management Platform）、AI（Artificial Intelligence）と進化は止まりません。

　なかなか大変ですが、宣伝担当者なら、この辺りについては、社内でもある程度は説明できるようにはなりたいものです。特にBig Dataはコミュニケーション領域にも大きなイノベーションをもたらすでしょう。

　ただ、恐れないでください。どの会社も、呪文のように「デジタル強化」という言葉を唱えていますが、デジタルはあくまでも手段であって目的ではないのです。ですから、デジタルについてはコミュニケーション・デザイン全体の中でどういう役割を果たすべきなのか、そのためにはどういう先端技術が利用できそうなのか、というレベルまでキャッチアップし、あとは専門家と有機的に連携すればいいのです。

　次の第3章でも触れますが、私はデジタルとマス／リアルは対立する概念ではなく、うまく併用すべきものだと思っています。

　そしてもう一点、宣伝担当者にお伝えしたいことがあります。

　みなさんは、「宣伝広告費」という巨額なお金を使う立場にあります。おそらく生涯年収の数倍ではきかないような金額の運用責任があるのです。

　その費用を捻出するために、事業部や営業の現場では血のにじむような努力をしていることを忘れてはいけません。

　また、広告代理店、クリエイター、メディア会社といった取引先は、その領域のプロフェッショナルであり信頼すべきパートナーで

※5　DMP
　自社と外部の様々なデータを一元管理・分析するプラットフォームのこと。

す。私自身、お金を使う側から、いただく側に立場が変わった時、自分の何気ない一言が、どれだけ多方面の方に大きく影響を及ぼしていたのかを自戒も込めて痛感することがありました。

宣伝担当者は常に謙虚であらねばならない。私はそう思います。

そして社内外問わず、人として好かれ尊敬される存在になりたいものですね。

最後になりましたが、私の考える宣伝担当者の心構えを以下にご紹介して、この章を締めさせていただきます。

宣伝担当者心得（10カ条）
・視点を広く、視座を高く
・顧客より顧客になる
・世の中をより良くする気概を持つ
・最終イメージを持つ
・シンプルに考える
・常に新しいことにチャレンジする
・ただし、同じ失敗は繰り返さない
・限界を決めるのは自分自身
・運を味方につける（笑う門には福来る）
・最後に問われるのは人間性

それでは、みなさん、勇気を持ってコミュニケーションの大海原に乗り出しましょう！

<了>

第3章

コミュニケーション・キャンペーンとクリエイティブ・マネジメント

執筆：サン・アド
　　　コミュニケーションブレンダー
　　　和田龍夫

3-1. コミュニケーション・キャンペーンとクリエイティブ・マネジメントとはなにか?

みなさん、宣伝担当者としての覚悟はできたでしょうか?

前章で触れたように、デジタル化がさらに進行するのは間違いなく、広告費に占めるデジタルの割合も上がっていくと考えられます。

米国の調査会社「eMarketer」によると、世界広告市場は、今後数年間で5%程度の横ばい成長にとどまる見込みです。ただし、デジタル広告市場は10%前後の成長率で推移し、総広告費に占めるシェアが2014年の25.3%から2018年には31.1%に伸びると予測されています。

そのような環境の変化に対し、クライアントサイドも大きな変革を求められています。デジタルの専門組織を作ったり、外部からのスペシャリストを登用したり、IT系企業と業務提携するなど、経営マターとして全社的な取り組みが始まっています。

ただ、どの会社もその最適解が見つけられていないというのが現状です。

特に高齢化が進む日本においては、デジタルシフトは進むものの、マス型のコミュニケーションがなくなるわけではなく、マス型のマーケティング・コミュニケーションも無視してはならないと考えます。

つまり、ターゲットに応じて、マスとデジタルの使い分けをしたり、統合型のコミュニケーション・デザインを構築したりしていく必要があるということです。

それを整理するツールの一つが「POEマトリックス™」(P60-61参照)でした。POEマトリックス™は多様化するメディアの考え方を整理したものであり、肝心なのはそこで表現すべき「クリエイティブ」です。

最近ではデジタルテクノロジーの進化やリアルイベントの多様化により、純粋にクリエイティブというよりもコンテンツと呼んだほうがふさわしい場合もあります。とはいえ、どちらもアイデアが形になったものという意味では同じです。この後は一般的によく使われているクリエイティブという言葉に集約して話を進めていくことにしましょう。

　つまり、コミュニケーション・デザインとは「クリエイティブ」×「POE マトリックス™」ということになります。

　そして、マーケティング目標達成のため、一定期間内に投資を集中してコミュニケーション・デザインを実行することを「コミュニケーション・キャンペーン」と呼びます。そのためにクリエイター等の外部スタッフと協業していくプロセスがクリエイティブ・マネジメントなのです。

　本章ではその視点から、コミュニケーション・キャンペーンとクリエイティブ・マネジメントの基本について話を進めます。

第3章のポイント

□　すべては「オリエン」に始まり、「オリエン」に帰結する。そこには、ブランドの顧客価値の定義と認知行動モデルも加味した、「コミュニケーション・ターゲット及びゴールイメージ」(ターゲットにどういう状態になってもらいたいか具体的に映像で浮かんでくること)の設定と「予算・納期の提示」が不可欠。
　さらに、そのゴールイメージを数値化した「コミュニケーションKPI[1]」も同時に設定し、オリエンの受け手と共有することが望ましい。

□　オリエンテーションを起点に「クリエイティブ×マネジメント」を実施。
　そのマネジメントについては、「オリエン力」に加え、「スタッフィング力」「関係性構築力」「目利き力」「社内調整力」「コストコントロール力」が重要。

□　コミュニケーション・キャンペーン実施中にはソーシャルリスニング(広聴)によって、世の中の反応をリアルタイムに捉え、フレキシブルに変化対応ができるような体制をとっておくこと。
　また、キャンペーン終了後には事前に設定したゴールイメージやKPIをベースにPDCAを回し、今後の成功確率を上げるべくデータをストックし、組織知化することが肝要。

※1　KPI設定
Key Performance Indicators設定とは組織の目標を達成するための重要な業績評価の指標を設定すること。これにより、目標達成に向けた組織の動向を把握することが可能になる。

3-2. オリエンこそがすべて

　広告コミュニケーションの領域においては、「オリエンテーション」（会社によっては「ブリーフィング」と呼ぶこともあります）がすべての出発点であり、ゴールでもあります。

　そこでは、ブランドの顧客価値、現状と課題、伝えたい相手（コミュニケーション・ターゲット）、伝えたい内容、及びゴールイメージ（ターゲットにどういう状態になってもらいたいか具体的に映像で浮かんでくること）の設定が重要です。これは、本章のポイントでもお話ししたことです。

　もちろん、予算規模と納期もきちんと伝えなくてはなりません。
さらに、そのゴールイメージを数値化した「コミュニケーションKPI」も同時に設定し、オリエンの受け手と共有することが望ましいでしょう。

　以上をすべてまとめた書面をオリエンテーションシートと呼びます。フォーマットは自由ですが、できれば1枚のシートにすべてをコンパクトにまとめ、あとのシートは補足資料にすると、ポイントが整理されるとともに、今後PDCA[2]を回していく際にも役に立ちます。
それでは、オリエンシートのつくり方と実際のオリエンの実施について、順を追って説明していきます。

※2　PDCA
　P（Plan：計画）→ D（Do：実施）→ C（Check：監査）→ A（Action：改善）
　という事業活動のサイクルのこと。

ブランドの顧客価値の定義

　ここでのポイントは、ただ単に商品のUSP（ユニーク・セリング・プロポジション）を書くだけでなく、それがターゲット顧客や世の中にとって「どういう価値をもたらす存在なのか」をきちんと説明できなくてはなりません。

　たとえば、「カロリーオフのチョコレートの新ブランド」を立ち上げる場合を想定してみましょう。（私の想像だけで進めます。お菓子メーカーの方、申し訳ありません）

　私の経験では、開発担当者は「カロリー○％オフ」という機能を声高に訴求してほしいといってくる可能性が高いです。

ここで、ターゲット顧客のインサイトについて考えてみます。

まずは、誰をターゲットにするかです。

よくやりがちなのは商品コンセプトの裏返しで、「カロリーが気になるチョコレートユーザー」としてしまうことです。間違いとはいえませんが、そのままでは漠然としすぎてユーザーのイメージが湧かず、インサイトまでたどり着くことはできません。

　そこで、カロリーが気になるチョコレートユーザーをいくつかにセグメントして、一番ポテンシャルがありそうな層をターゲット顧客(≒コミュニケーション・ターゲット)と設定します。

　ここでは仮に「毎日忙しく働いている中で、仕事の休憩時に自分へのご褒美としてチョコレートを食べているOL」としましょう。

　彼女たちのインサイトには、「チョコレートは太りそう」いう気持ちと裏腹に「気兼ねなく好きなだけチョコレートが食べたい」という気持ちが並存していると考えられます。

　「カロリーオフ」という言葉は彼女たちにとって免罪符として機能しているのです。

しかし、一方で「カロリーオフ」＝「まずそう」という連想も同時に起こっているはずです。ですから、「カロリー○％オフ」という機能の数値訴求だけに固執するのではなく、「いつでも気兼ねなく食べられる、おいしいチョコレート」という顧客価値に変換することが大切になります。

　たとえば、自分へのご褒美として「プレミアム」や「リッチ」といった言葉は、彼女たちのスイートスポットになる可能性があるように思います。

　今回はターゲットを「ご褒美にチョコレートを食べたいOL」としたのでこうなりましたが、仮にターゲットを「ダイエットに真剣に取り組んでいる人」に置き換えると、顧客価値はまた変わってくるでしょう。

　このように、ブランドの持つ固有価値を企業視点ではなく、顧客視点で定義すること、それが宣伝担当者の役目なのです。

　場合によっては、顧客価値からさかのぼり、商品のネーミング・

カロリーオフチョコレートの顧客価値の例　我慢 or ご褒美　（図表3−①）

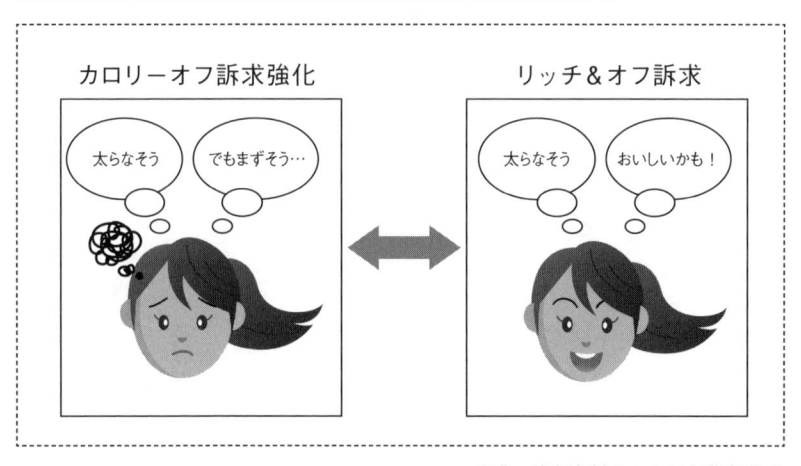

出典：著者資料をもとに編集部作成

パッケージまで見直す必要が出てくるかもしれません。やはり、商品そのものが最強のコンテンツでありメディアなのですから……。

　私は、コミュニケーション・デザイン全体の中で、ネーミング・パッケージを「Owned Media」として位置付けていく必要もあるように思います。

　あと、気をつけなければならないのが、「あれもこれもテレビCMで言いたい病」です。「○○産カカオ使用」「口どけまろやか」「新開発○○製法」「生クリーム配合」など、わざわざ自社のサイトへ見に来てくれた人ならともかく、15秒のテレビCMで伝わると思いますか?

　正しく顧客価値が定義できているなら、ワン・クリエイティブ、ワン・メッセージで通用するはずです。

　繰り返しになりますが、顧客価値の定義とは、ブランド固有のUSPをターゲット顧客の立場から設定する作業であり、それはターゲット顧客を誰にするかということと同時に行われることになります。

　また、ここでは詳しく触れませんが、既存ブランドの場合は、そのブランドの現状と課題を明らかにし、うまくいっていない場合には顧客価値の再定義をすることになります。

認知行動モデルについて

　そして、ターゲット顧客へのアプローチを考えるに当たって、非常に大切なポイントがあります。

　それは、「ターゲット顧客がどういうメディア接触を取っているか?」ということを把握しておくことです。

　かつては、テレビをCM中心にマス広告で顧客価値を訴求し

さえすれば、なんとか伝えることはできました。

　ところが、コミュニケーション領域においてパラダイムシフトが進む現在では、ターゲットに合わせたコミュニケーション・デザインが必要となってきます。

　その基本となる考え方に「認知行動モデル」があります。これは、すべてのコミュニケーション活動のベースとなる重要な概念ですので、少し詳しくお話しすることにしましょう。

　ご存じの方も多いと思いますが、認知行動モデルは時代の変遷を経て、「AIDMA」→「AISAS」→「SIPS」へと提唱されてきました。

　AIDMA理論は長年、広告モデルの基本として使われてきた、「ある商品について、消費者がそれを認知し、購買するに至るまで」のプロセスを説明しようとしたものです。消費行動プロセスのステップを並べ、それぞれの頭文字を並べたもので、まだインターネットが普及していない時代には主流となる考え方でした。

AIDMA：Attention（注意）→ Interest（興味）→ Desire（欲求）→ Memory（記憶）→ Action（購買）

AIDMA（アイドマ）の法則　　　　　　　　　　　　　　　（図表3−②）

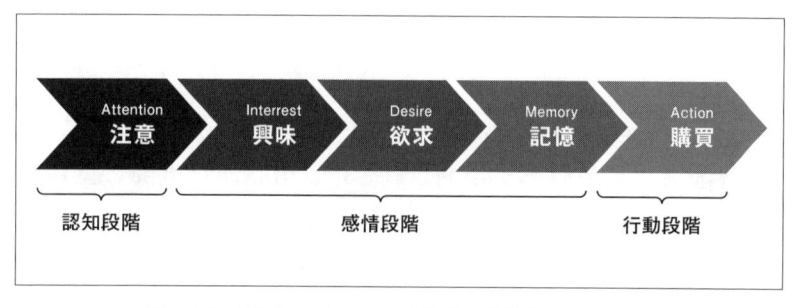

出典：『Retail Advertising and Selling』サミュエル・ローランド・ホール

この理論の考える仮説を、簡単に説明すると、次のような感じになります。

《A》消費者はまず、テレビCMなどのマス媒体から商品の存在を「注意を惹かれ認知」し、

《I》その商品を自分に関係あるものとして「興味・関心」を示し、

《D》その商品が自分の役に立つ（問題を解決する）モノとして、欲しいと思い「欲求」し、

《M》その商品が広告の蓄積や店頭で目立つことにより、それが「記憶」へとつながり、

《A》販売店へ行って商品を購入するという「行動（購買）」を取る。

　私も宣伝部に最初に配属された頃は、最初にこの理論の説明を受けました。

　コピーライターの考える広告コピーで人を引きつけながら、大量の露出で興味を持たせつつ、商品の優位性やブーム感など、なにかしらの買ってもよい理由をつくり、実際にお店に行った時に忘れないように商品名やパッケージを工夫して、手に取ってもらって、実際に買ってもらおう、という流れです。

　しかし、この理論に基づいて、ネットビジネスでの仮説をつくろうとすると、少し無理が生じてきます。それは、このモデルの主体が送り手であり、一方通行の情報発信によって顧客を動かそうとしているからです。つまり、顧客を「買ってもらう人」としか見ていないということです。

　AIDMA理論の限界が指摘される中、2004年に電通によって提唱されたのが「AISAS理論」です。インターネットの普及を背景に、消費者が自ら情報を収集し、発信し、他者と共有するという行動を踏まえて、つくられたモデルです。

AISAS：Attention（気づく）→ Interest（興味をもつ）→ Search（情報収集する）→ Action（購入する）→ Share（情報共有する）

AISASの法則　　　　　　　　　　　　　　　　　　　（図表3－③）

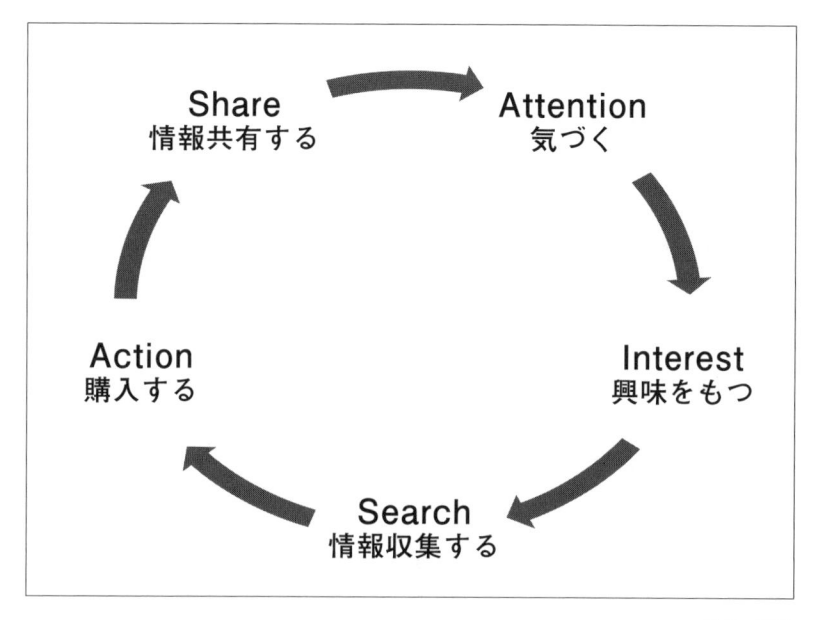

出典：電通

　最初の入り口である Attention、Interest までは AIDMA と一緒ですが、最後の Share が、また最初の Attention に戻ってくるという「循環型のモデル」であることが画期的でした。

《A》消費者はまず、テレビ CM などのマス媒体から商品の存在に「気づき認知」し、

《I》その商品を自分に関係あるものとして「興味・関心」を示し、

《S》その商品に関しての情報を検索エンジンで「情報収集」して入手し

《A》販売店へ行って商品を「購入する」という行動を取り、

《S》商品を購入したことや感想について、ソーシャルメディア上で「情報共有」する。

　今でもこのモデルは有効だと思います。実際、電通などの代理店でも、今後もコミュニケーションの土台となる重要な消費行動モデルとして位置付けているそうです。

　ただし、このAISASモデルも近年のソーシャルメディアの急速な成長の中では万能ではありません。ソーシャルメディアの浸透を契機に、消費者における情報の取得経路や消費への動機付けが変容している点に注目し、消費のあり方そのものや社会意識の変化も含めて、消費者の行動を「消費者視点」でより深く掘り下げた概念が、電通モダン・コミュニケーション・ラボが2011年に提唱した「SIPS理論」です。

SIPS：Sympathize（共感する）→ Identify（確認する）→ Participate（参加する）→ Share & Spread（共有・拡散する）

《S》企業やブランドの商品や社会貢献活動に対して、SNSなどから得た情報への「共感」が最初の行動のきっかけになります。

《I》次に必ず、友人に聞いたり、ネットで検索したりして、自分に合った商品かどうかをじっくり「確認」する作業がきます。

《P》その次が「参加」です。ソーシャルメディアを前提にした購買行動では、たとえ自分がその商品を買わなくても、自分のフォロワーに「この商品いいよ！」と勧めることで、実際の

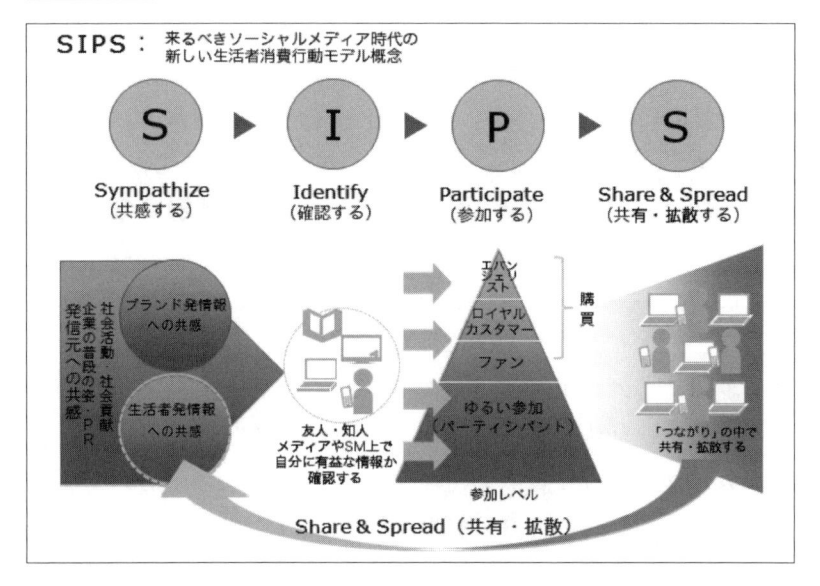

出典：電通モダン・コミュニケーション・ラボ

　購買だけでなく、そういうことも含めて購買行動に「参加
　している」と捉えます。
《S》参加した人たちがソーシャルメディアで情報を共有（Share）
　し、他の人たちにもその情報を拡散（Spread）していきます。

　SIPSは複雑な概念なので、詳しくは実際に電通のWebサイト
で確認していただいたほうがいいでしょう。
　ポイントは、AISASがインターネットでの「情報収集」に着目
していたのに対し、SIPSは「ソーシャルメディアでの共感」を
主軸に考えているところです。

　AIDMA、AISAS、SIPSの概要について、理解いただけたでしょ
うか？

　このモデルの話をすると、「AIDMA や AISAS はもう古い、これからは SIPS の時代だ」と言い出す人もいます（特に AIDMA 世代の方に多く見られるような……）。

　そんな時には、「ところで、この記号【#】※3 の読み方がわかりますか？」と切り返してみましょう。答えは欄外にありますが、これが即座に出ないようなら、その人が本当に理解しているのか疑わしいと思います。

　ここで、一番大切なことを今からお話ししたいと思います。それは、どのモデルでも今の多様化する生活者の認知行動をすべて説明するのは不可能であるということです。

　そうです、商品カテゴリーやターゲット顧客によって認知行動モデルは異なっているのです。

　極論すれば一人ひとりの顧客（個客）ごとに、カスタマイズされたコミュニケーションが必要（今後のビッグデータの可能性を考えると、そうなる日も遠くないかも）となりますが、ここで取り上げた三つのモデルで分類するのが、現時点では現実的な答えだと思います。

　生活者ベースで考えると、大きく三つの層が並存していて（図表3－⑤）、同じ人の中でも商品によっては別のモデルの認知行動を取る場合があります。

　デジタル化が進むとはいえ、超高齢化が進む日本においては、まだまだ AIDMA モデルも健在なのです。実際、「ネットを毎日利用しない人」は約5670万人にも及ぶというデータもあります

※3　#
　　ハッシュタグと読む。ソーシャルネットワーキングサービスに投稿したメッセージにおいて、言葉やフレーズの前に#（ハッシュタグ）を付けることにより、同じようなタグ付きメッセージを収集することができ、それによって存在する全メッセージの電子的検索もできるようになる。

（総務省『平成26年度版情報通信白書』より）。

　様々なデータから推測すると、AIDMA層（高齢者中心）が30％、マスとデジタルを使い分けているAISAS層（20〜50代中心）が50％、SIPS／デジタルネイティブ層（10〜20代中心）が20％位でしょうか（これはあくまでも個人的な推測です）。

生活ベースで考えた三つの層　　　　　　　　　　　　　　（図表3−⑤）

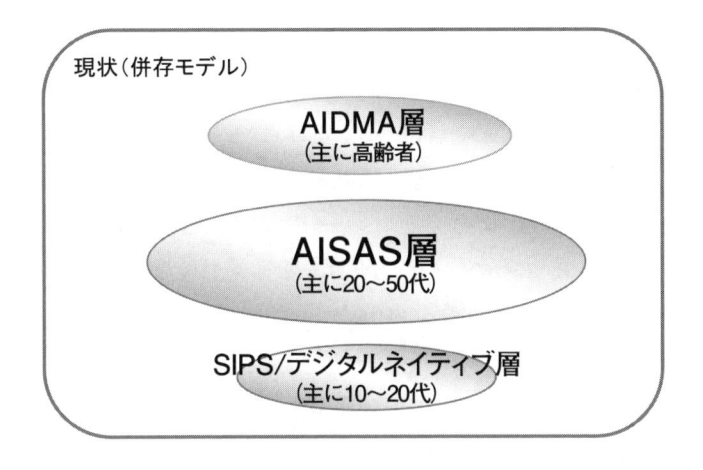

出典：著者作成

　もちろん、高齢者でもSNSをバリバリ使っていらっしゃる方はいますし、若者でもテレビが大好きな人もいるでしょう。
　肝心なのは、あなたが対象としているターゲット顧客の認知行動モデルはどのタイプなのか、あるいはどういう構成になっているのかを知ることです。
　具体的な例を挙げて説明すると、商品カテゴリーによる違いとしては、「車」のような高単価で関与度が高い商品は、きちんとネットで検索して、候補車を比較したり、ソーシャルメディア

上の評判をチェックしたりするという「AISAS」「SIPS」型の認知モデルが想定されるのに対し、「台所用洗剤」などの最寄品[4]は、テレビで見て、名前を覚えて、スーパーの店頭で大量陳列されているとつい買ってしまうという「AIDMA」型のモデルが想定されます。

　また、「健康サプリメント」などの商品では、同じカテゴリーなのにターゲット顧客によって異なるパターンの認知行動モデルが存在しています。高齢者はテレビ（特にBS）の通販ショッピング番組や新聞の折り込みチラシを見て電話で申し込む「AIDMA」型なのに対し、若年層は友人のクチコミに共感してSNSなどで情報を集め、Amazonで買ってその評価をFacebookで拡散するような「SIPS」型の認知モデルで購買しているのです。

　さて、「カロリーオフのチョコレート」の例に話を戻しましょう。コミュニケーション・ターゲットは「毎日忙しく働いている中で、仕事の休憩時に自分へのご褒美としてチョコレートを食べているOL」でしたね。

　とりあえず、スマートフォンを使いこなしながらも、家でくつろいでいる時にはテレビで「ドラマ」や「バラエティ」も観ていて、好きなタレントのブログは欠かさずチェック。LINEではまめに友人と連絡を取っているが、FacebookやTwitterのような公開型のSNSでは自分からの発信は少ない、そんなタイプだと仮定しましょう。

　こんなふうに、ターゲット顧客には「AISAS」型が多そうだということがわかれば、オリエンもよりシャープになると思います。

※4　最寄品
　購買頻度が高く、購入する際、時間をかけない日用品や食料品のような商品のこと。

ゴールイメージの設定（目標のビジュアル化）

　そして、いよいよゴールイメージを描いていきます。

　ゴールイメージは、できるだけ具体的に関係者全員に同じ映像が浮かんでくるようなものにしなければなりません。私はそれを「目標のビジュアル化」と名付けています。

　よく、「売り上げを2割上げたい」とか、「シェアを逆転したい」とか、数値目標をゴールにするケースが散見されます。もちろん、経営上は重要なことなのですが、数字とにらめっこしていてもいいアイデアは浮かんできません。逆に、ゴールイメージを明確にビジュアル化することができれば、それに近づけるための様々な具体策が浮かんできます。

　ちなみに、サントリーが展開している「角ハイボール」のキャンペーンもすべては目標のビジュアル化から始まりました。

　2008年前後、ウイスキーは三重苦と呼ばれ、「きつい（アルコール度数が高い）、食事に合わない、オヤジっぽい」と思われていました。実際のユーザー層も50〜60代という状況でした。

　そんな中で、ウイスキーの復権のためのプロジェクトが立ち上がったのです。そこで最初に行ったのは、ゴールイメージの設定でした。

　数年後、日本中でウイスキーが市民権を得ている姿を想像しました。ここでのポイントは、それを文章にするだけでなく、ビジュアルとして共有することです。

　言葉は想像力に働きかけてくれる点ではいいのですが、人によって解釈が変わってしまいます。それに対し、ビジュアルは共通認識を容易にもつことができます。

　たとえば、「イマドキの若者」という言葉から、どういう姿を連想するでしょうか。それは人によってかなり違ってくるでしょ

う。実際にリサーチしたところ、60代が思う若者像と20代が思う若者像は、まったく別なものでした。こういうことがあるので、「目標のビジュアル化」が大事なのです。

　ハイボールの場合はプロジェクトチーム全員で、雑誌の切り抜きをコラージュしたり、実際に自分たちで絵を描いてみたり、現場を取材（居酒屋を何軒もはしごしました）したりした結果、会社帰りの20代後半の男女が、カジュアルな居酒屋でおいしいおつまみを食べながら「ハイボール」で乾杯している姿をビジュアルにしました。

ハイボールで若者が乾杯するイメージ　　　　　　　（写真3-⑥）

出典：サントリーから画像提供のうえ、編集部作成

そして、すべてのマーケティング・コミュニケーション活動がそのゴールイメージに近づくように、ウイスキーという言葉をメインに出さず、「ジョッキでハイボールを飲むスタイル」を提案しました。短期的なウイスキーの売り上げ拡大より、「将来を見据えたハイボールという飲み方の定着」を目標にしたわけです。

　そして、本当にありがたいことに、その時に描いた「ゴールイメージ」は、数年後、現実のものとなりました。

　これはたまたまうまくいったケースですが、どんなケースにせよ、単なる売り上げや利益目的だけではない、明確なゴールイメージを持つことは重要だと思います。

　そして、そのゴールに到達するために、商品認知率を○％獲得したい、内容理解率（カロリーオフであること）を○％まで上げたい、SNSではこれだけ拡散したい、といった数値目標（KPI：Key Performance Indicator）がようやく出てくるのです。

　売り上げやシェアは経営結果（KGI：Key Goal Indicator）であり、コミュニケーション上のマネジメントが難しいため、その中間指標として「コミュニケーションKPI」を設定することが重要になります。

　「ゴールイメージを先に共有し、その上でこの数字を狙っていきましょう」と、このKPIを代理店やクリエイターの方にもお話しし、広告予算とともに共有しておくことが大切です。

　これはあとでPDCAサイクルを回す時にも重要なポイントになります。

オリエンシートのチェックポイント

　オリエンシートが出来上がったら、下記の要素がちゃんと盛り込まれているかチェックしましょう。

　下記は簡単なチェックシートの例です。ご参考までに。

☐ ブランドの現状と課題はなにか？（新製品の場合はそのUSPは
　なにか？）
☐ ブランドの顧客価値はなにか？
☐ コミュニケーション・ターゲットは誰か？
☐ ターゲットの認知行動モデルは？
☐ ゴールイメージが具体的に映像として目に浮かんでくるか？
　（目標のビジュアル化）
☐ ゴールイメージにいたるKPIがちゃんと設定されているか？
☐ 広告予算・納期が明記されているか？

一般的なオリエンテーション（ブリーフィング）シートの例　（図表3-⑦）

（※各社のノウハウにあわせてカスタマイズしてください）

○○社　新製品　コミュニケーション　オリエンシート　※イメージ

○○年　○月○日　○○時〜○○時

■現状と課題

市場全体の概要と当社のポジション、現在抱えているマーケティング上の目的について記入する

（例）少子高齢化の中でチョコレートマーケット全体は飽和状態、総市場が伸び悩む中価格競争に陥っている。
トップメーカーである弊社は新しい健康軸をもった新商品を投入することで需要創造を図りたい

■新製品（ブランド）について

新製品の場合；ネーミング・パッケージ・USPについて記入する（できたら現物を食べてもらう）

■広報発表日・新発売日　　　■ネーミングの狙い　　■パッケージの狙い　　■主要販売チャネル　（例）CVS・スーパー
■中味特徴・価格・製法・原料・・・等　　（例）業界初のカロリー50％オフのチョコレート

■コミュニケーションの狙い

マーティングmixの中でコミュニケーションの果たすべき役割を明記する

（例）ターゲットの製品認知を一気にあげ、トライアルを促進すること。
また、世の中に対し話題性を喚起し、カロリーオフ・チョコレートカテゴリーの浸透を図ること

■ターゲット

ここでは、コミュニケーション・ターゲットとその認知行動「パターン」を明記する。

（例）毎日忙しく働いている中で、仕事の休憩時に自分への褒美としてチョコレートを食べている独身OL。
認知行動モデルとしては《AISAS》型がメイン

認知行動モデル

認知行動モデル		
AIDMA	AISAS	SIPS
30	50	20
○	◎	△

■What to say（何を伝えたいか）＝顧客価値

ここがポイント：商品特徴そのままではなくユーザーインサイトを捉えること

（例）気兼ねなく食べられる日々のご褒美チョコレート
（美味しいのに、カロリー50％オフ）

■How to say（どう伝えたいか）

ここはクリエイターに任せる領域だが、ガイドラインとしてトーン＆マナーを記載する場合もある

（例）明るく健康的な感じをベースに上質感を担保する。ストイックには見せない。美味しさ（シズル）表現には徹底的にこだわる

■ゴールイメージ

できるだけ具体的に関係者全員に同じ映像が浮かんでくるようなもの

（例）午後3時ごろ、眺めのいいオフィスの休憩スペースで同僚と一緒に楽しげにチョコレートを食べている姿
（それが日本のあたりまえの光景になっていくこと）

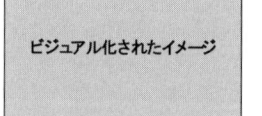

ビジュアル化されたイメージ

■提案内容

（例）クリエイティブ案及びトータルコミュニケーションデザイン案
（広報発表以降戦略PRのシナリオ含む）
《AISAS》型ターゲットとして、デジタルは積極活用のこと

■広告予算

（例）本キャンペーンでは○億円　※総額提示
（ガイドとして制作費○億円　媒体費○億円・PR費含む）

■KPI

（例）発売3カ月時点でのターゲット認知50％以上
商品認知者における商品理解（カロリーオフ）率70％以上
※発売9カ月時点で実施予定の定量調査N=1000にて確認

■スケジュール

（例）①企画プレゼン　②演出プレゼン　③仮編集試写
④初号試写　⑤オンエア・・・等の具体的日時を記載

出典：著者作成

オリエンテーションの実施

　さあ、いよいよオリエンテーションを実施します。

　まずは、「誰に話すか」ですが、クリエイターはもちろん、ストラテジック・プランナーや、PR担当など、今回のオリエンテーション内容を共有化すべき人はすべて呼びましょう（ただし、ミニマムな人数で。会議の場で一言も発言しないような人には参加してもらわなくてもいいと個人的には思っています）。

　たまに、代理店の営業担当にオリエンして、それをクリエイターに共有してもらうという手順を踏む企業がありますが、伝言ゲームでは肝心なポイントは伝わりません。

　オリエンテーションもプレゼンテーションも、話す主体は変わっても、双方向型のライブであると私は思っています。大事なのは、宣伝担当者が関係者全員に対し、きちんと立ち上がって、肉声で大切なポイントと思いの丈を伝えることです。

　そして、忘れてはいけないのが「質疑応答」です。

　優秀なクリエイターのみなさんは、オリエンを受けながら、その場で自分なりの考え方をまとめ始めています。そこで、彼らの疑問点やもっと知りたい点について、ちゃんと受け答えできるように準備しておくことが必要です。一緒に議論することでオリエンテーションの完成度が上がり、そこに血が通い始めます（但し、コンペティションを選択した場合は、あくまでも公正にオリエンシートに沿った情報のみを共有することになります）。

3-3. クリエイティブ・マネジメント

通常はオリエンから3〜4週間程度の納期で、関係者を集めてプレゼンテーションを受け、アイデアを決定し、コミュニケーション・デザインを設計・実行します。

従来はクリエイティブのプレゼンを受けて、バトンタッチ形式でそれに合わせたメディアプランを設計することが多かったと思いますが、現在はクリエイティブ／コンテンツをどのメディアで展開するのかということ自体がコアアイデアになりますから、この一連のプロセスを同時にマネジメントしていく必要があります。

それがこれからの時代のクリエイティブ・マネジメントなのです。ここでは、前述した「オリエン力」に加え、「スタッフィング力」「関係性構築力」「目利き力」「社内調整力」「コストコントロール力」の五つの要素が重要になります。

順を追って説明していきます。

スタッフィング力（誰をバスに乗せるか）と関係性構築力

あなたの会社は外部のスタッフィングを代理店任せにしていませんか？

もし、そうだとしたら宣伝担当者の役割の半分を放棄したことになります。

事業部とは別に、宣伝部なりコミュニケーション組織なりが存在しているなら、本来はその部署が主導権を持って「クリエイティブ・ディレクター」を指名し、できればクリエイターのみならず、ストラテジック・プランナーやデジタル・テクノロジス

ト、PR戦略チームなどを含めた外部チームのスタッフィングに当たるべきでしょう。米国の経営学者のジム・コリンズは『ビジョナリー・カンパニー2　飛躍の法則』（日経BP社）の中で、それを「誰をバスに乗せるか？」とたとえていましたが、まさにそれが重要なのです。

　ですから、競合プレゼンはできるだけ避けるべきだと考えています。

　画期的な新製品や、ブランドが長期的に不振な場合には、競合プレゼンもやむなしですが、できれば指名したチームと長期的に信頼関係を保ちながら進めていくほうがいいものができるように思います。オリエンやプレゼンの場で顔を合わせるだけでなく、たまにはお酒でも飲みながら本音ベースの議論ができる、そんな関係が理想です。まさに「関係性構築力」そのものです。いずれにせよ、宣伝担当者にはクリエイターやデジタル・テクノロジストに関する幅広い知識と人脈（そして信頼関係）が求められるのは間違いありません。

目利き力（アイデアの選び方）と社内調整力

　これだけ情報が溢れ、テクノロジーが進化している世の中にあっては、まったくのゼロベースで革新的なアイデアは生まれてきません。「アイデアは既存の要素の新しい組み合わせである」[5]といったほうが正しいでしょう。

　それだけに、アイデアの選択は非常に難しいものです。組織の論理や個人の選択バイアスに左右されがちだからです。

※5　アイデアは既存の要素の新しい組み合わせである
　　ジェームス・W・ヤング著『アイデアのつくり方』より

事業サイドは左脳的にブランドの優位性をストレートに表現したがり、クリエイターはブランドより世の中の受けを意識しがちな傾向があります。

そんな中でも宣伝担当者は常にニュートラルな立場で、コミュニケーション・デザイン全体を俯瞰しつつ、ターゲットのインサイトからゴールイメージにより近づくクリエイティブ／コンテンツを選択しなければならないのです。それが「目利き力」です。

その際には、常にマルチアングルで考えることが大事です。「クライアントの視点」「クリエイターの視点」「顧客の視点」「世の中の視点」、この四つの視点は押さえておきましょう。

たとえば、今回の「カロリーオフのチョコレート」について、「キャッチコピー案」が四つ出てきたとします。

①史上初、カロリー50％オフのチョコレート新発売！
②チョコチョコ食べちゃお！　チョコッとカロリーチョコ！
③チョコ好きな私を魅了する、リッチなカロリーオフ。
④その美しい人は、ぜいたくなカロリーオフを食べていた。

極端な例にしましたが、イメージ的には「クライアント迎合型コピー」が①、「クリエイター暴走型コピー」が②、「顧客視点コピー」が③、「世の中の視点コピー」が④ということになります。実際には、まずクリエイターに自身のお勧め案とその理由も聞いてみます。

それが、マルチアングルで考えられていたらそれでOKです。そうでない場合には、最終的にはオリエンテーションシートに戻り、ターゲット顧客の視点で判断します。

そこで大事なのは、「顧客より顧客になる」ことだと私は考え

ています。

　それは、本人すら気づいていない、定量調査では出てこないような、潜在的なニーズや不満（インサイト）を汲み取る作業になります。

　私は延べ1000人を超える One to One インタビューからそれを学びました。それは今でも私にとって貴重な財産です。

　たとえば、ビールを飲んだときの「のどごし」の感じ方についても、実はインサイトベースで考えると、まったく異なる二つのタイプに分類されます。

　「のどをスムーズに通っていくスムーズな感覚を好む人」と「のどの奥にグッとくる痛気持ちいい刺激を好む人」に分かれるのです。それは、表層的な定量調査ではなく、実際にユーザーと飲みながら、「のどごしがいい」という感覚を一緒に紐解いていったからこそわかったことでした。

　そして、もう一度、その先にあるゴールイメージを思い浮かべてみましょう。これは、広告を打った直後のイメージではなく、「キャンペーンが成功した場合の数年後のイメージ」です。

　最後の局面に時間軸で考えてみることで、アイデアの根幹にあるものが、ターゲット顧客や生活者の普遍的な価値観に基づいたものであるかどうかが明らかになるように思います。

　本当に核心を捉えたクリエイティブは顧客の記憶の蓄積となり、ブランドの財産になるのです。ですから、継続性は重要な判断ポイントになると思っています。

　その典型的な例が SoftBank の「白戸家シリーズ」でしょう。「犬のお父さんがしゃべる」というインパクトのある設定は、単発のキャンペーンに終わらず、継続していくことで、世の中で「白い犬 ＝ SoftBank」という連想を強固なものにしました。この結果、

SoftBankという会社はニッチな後発キャリアから、docomo、auと並んで比較されるようなメジャーな通信キャリアへと、ブランド価値を上げていくことに成功したのです。

それでも、最終的な選択は難しく、51：49で迷うことがあります。そんな時、私はある言葉を思い出します。日本を代表するアパレルブランドCOMME des GARÇONS（コム デ ギャルソン）の川久保玲さんの言葉です。

> すでに見たものでなく、
> すでに繰り返されたことでなく、
> 新しく発見すること、
> 前に向かっていること、
> 自由で心躍ること。

まさに、時代を超えて通用するクリエイティブの「志」だと思いませんか？　人間、最終局面ではその「志」で判断するしかないのではないのでしょうか。

これは私の座右の銘でもあり、この言葉に勇気づけられて、私は自分なりにクリエイティブ・ジャンプ[6]をしてきたつもりです。

そして、クリエイティブが決定したら、その社内コンセンサスを得るステップに入ります。ここは「社内調整力」が問われる場面です。

「全社員評論家」というと語弊があるかもしれませんが、クリエイティブは経営トップから、新人の営業パーソンまで、すべ

※6　クリエイティブ・ジャンプ
　今までの常識や既成概念を壊して新しい価値を創ること。

ての社員がものをいえる領域です。

　ここでうろたえてはいけません。オリエンシートに戻りましょう。きちんとオリエンがされて、そのオリエンに基づいてクリエイティブが選択されているなら、ある程度ロジカルに説明できるはずです。そこにKPIも明示されていたら、なおさらでしょう。

　ただ、それ以上の領域になると、あなた自身のキャリア、能力、人格が問われます。

　日頃から「こいつはクリエイティブがわかっている」「こいつのいうことなら信用できる」という印象を与えておくことも大事になります。

　そのためには、常に360度のアンテナを張っておくことが大切です。広告・コミュニケーション領域については当然として、事業部が今置かれている状況などをきちんと把握しておくことは、非常に重要になります。事業部サイドから見て、理解者だと思われる存在になりましょう。主要ブランドの直近の売り上げ位は知っておかないと話になりません。

　また、事業部のマーケティング担当者を集めて、コミュニケーションの事例研究会を開くなど、専門性のアピールの場を設けるのもお勧めです。

　大変な役割ですね。でもそれが最終的に大きな金額を任され、世の中を動かしていくことにつながっていくのですから、宣伝担当者冥利に尽きると思って頑張りましょう。

　「社内調整力」がある担当者は、クリエイターからも一目置かれる存在となります。

コストコントロール力

　コミュニケーションROIの最大化のための「コストコントロ

ール」のポイントについて、簡単に触れておきます。

一つ目は、広告費を投資と捉え、目標とするRに対し、いくらまで投資できるのかを事業部とすり合わせておくことです。

そして、制作費や媒体費を切り分けて考えるのではなく、宣伝広告費総額で捉えることです。

繰り返しになりますが、今やクリエイティブとメディアはアイデアの初期段階から密接に連携していますから、「制作費率は総額の〇％」などと管理するのは適切ではありません。本当に優れたクリエイティブならば到達効率もよく、場合によってはSNSなどで自走していくため、媒体費をかけなくても、大きな効果を得ることもできるのです。

二つ目はメディアの考え方です。

これまでは、いかに安く良い枠を買うかという、トータルリーチを上げるためのバイイング発想だったと思います。それゆえにテレビ偏重型になっていました。

これからはターゲット顧客の認知行動モデルに合わせて、良質なタッチポイントをいかに創出するかという視点が必要です。中でも、SIPS型のターゲットに対しては、もはや「Paid Media」は効果が薄いでしょう。さらに直接リーチだけでなく間接的なリーチまで含めてPOEマトリックス™にかかる総コストを考えていかなればなりません。

また、「予算がないから『Owned Media』とソーシャルメディアを活用してほしい」といったリクエストがよくありますが、そこには運営費や社内人件費もかかっていることを忘れてはいけません。第2章で触れたコミュニケーションROIの「I」のコストには、それらすべてが含まれているのです。

3-4. コミュニケーションPDCA

あなたの会社はコミュニケーションのPDCAをきちんと回せていますか？

実際のところ、代理店もクライアントも含め多くの日本企業は、PDCAの仕組みが整っていないように私は感じています。外資系の企業は少し先行していますが、それでもコミュニケーションROI算出基準を含め、方法論的に完成形に至っている会社は存在しないのではないでしょうか。

まずは、コミュニケーションPDCAを回す癖をつけなければなりません。

コミュニケーション・キャンペーンにおいては、「いかに円滑に実施するか」と同様に、「いかにきちんとレビューし、次のキャンペーンにつなげていくか」ということが非常に重要になります。

そして最近では、日々の売り上げやPOSデータだけでなく、ソーシャルリスニング（広聴）などによって、リアルタイムでキャンペーンに対する世の中の反応を捉えることも可能になってきました。つまりD（Do）とC（Check）が同時にできるようになったのです。

したがって、キャンペーン実施中でもフレキシブルに修正対応ができるような体制を取っておくことも大切になってきました。特にデジタルの世界では、今日の反応を明日に生かすことも可能です。

もちろん、当初設定した期間におけるキャンペーン終了後には、事前に設定したKPIをベースに、キャンペーンの成否を評価します。これがC（Check）であり、次にどうするかというA（Action）のプロセスなのです。

さらに今後は、キャンペーン実施中と実施後の二つのPDCAを

並行して行うことが必要となってくるでしょう（**図表3−⑧**）。そして、そのデータをストックし、組織知化することが大切になります。

　そしてもう一つ、新製品や新しい広告キャンペーンは、実際に成功することのほうが少ないということも覚えておいてください。食品業界には「センミツ」という言葉がありますが、これは新製品の成功確率が1000分の3であるということを示しています。それくらい成功することは大変なのです。みなさんも、これからの人生の中でいっぱい失敗を経験することでしょう。それでも、失敗を恐れてなにもしないよりは、前を向いて会社や世の中のためにチャレンジしたほうがいいと思いませんか？

　そんな気持ちを込めて、みなさんにエールとして米国の『フォーブス』誌の発行人であったマルコム・フォーブス氏の言葉を贈ります。

　「もし失敗から学ぶことができれば、失敗は成功である」

　そうです、たとえそれが失敗だったとしても、そこから学び、組織知化することで、今後の失敗確率を減らすことができます。

　さあ、みなさん、どんどんチャレンジして、どんどん失敗して、そして学び、成長して、これからのコミュニケーション業界を引っ張っていってください！

パラレルPDCAサイクル（イメージ図）　　　　　　　　　（図表3−⑧）

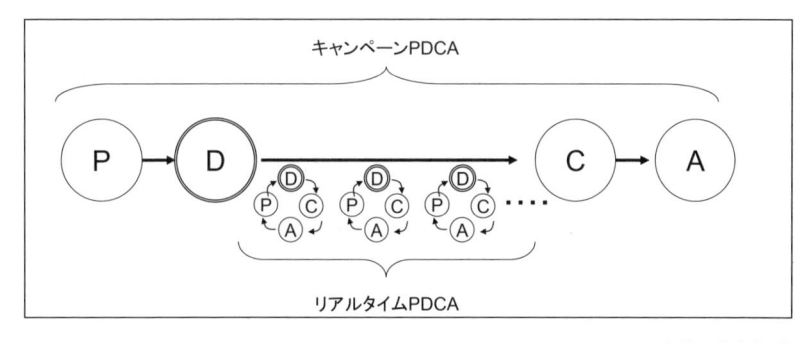

出典：著者作成

3-5. 第3章のまとめ

　最後に、3章全体に関してまとめておきます。

　全ての仕事に共通することですが、「何のためにそれをやっているのか?」という視点を常に忘れないようにすることが非常に大切です。手段が目的化しないように、気をつけなければなりません。

　コミュニケーション・キャンペーンにおいては、その目的をスタッフ全体で共有することが「オリエン」なのです。(オリエンシートには具体的なゴールイメージと数値化したKPIが記載されていること)そして、そのオリエンに基づいて最適な「コミュニケーションデザイン」を宣伝部が主体となって関連部署や外部パートナーと一緒に立案・実行していくのです。特にクリエイティブに関しては、クリエイティブ・ジャンプができるようなスタッフィングを心がけること、担当者の目利き力を上げることが競争優位につながります。

　また、ビッグデータの時代になってきた現在では、これまでのように勘と経験だけに頼るのではなく、キャンペーン実施中及び事後のパラレルなPDCAサイクルにより、今後の成功確率を上げるべくデータをストックし、組織知化することがますます重要になってくるでしょう。

　但し、どんなにテクノロジーが進化し、コミュニケーションを取り巻く環境が変わろうとも、人間の基本的欲求は変わらないということを忘れないでください。そのインサイトを読みとることこそが私たち宣伝担当者に求められる一番大切な役割なのです。

　これで私のパートである第2〜第3章を終わります。

　みなさん、少しは広告・コミュニケーションの世界を好きになってくれたでしょうか?

宣伝担当者として、明日からも頑張ろうという気持ちになってくれたでしょうか?

　私の書いた、つたない文章がその一助になれば幸いに思います。そして、私のパートの読者の方に、いつかどこかでお会いできるのを楽しみにしています。

＜了＞

第4章

メディア
プランニング

執筆：博報堂DYメディアパートナーズ

データドリブンメディアマーケティングセンター

センター長代理　兼プラニンググループ 部長

中澤壮吉

4-1. メディアプランニングとはなにか?

　メディアプランニングは広告投資の効果効率を高める上で欠かせない重要なプロセスです。

　端的にいえば「どのメディアを、いつ、どの位、どのように活用するかを計画すること」となりますが、その業務範囲は広範にわたります。また近年、デジタル化に伴う環境変化により、プランニングに求められるものは急速に高度化しています。

　本章ではメディアプランニングの業務概要について、基礎的な解説を中心に、新たな時代の要請に応える最新の手法やアプローチについても紹介していくことにします。

メディアプランニングのポイント　　　　　　　　　　（図表4-①）

二つの「変化」への対応と三つの「統合」の実現

二つの「変化」

　✓ デジタル化による「生活者の変化」と「データ環境の変化」

三つの「統合」

　✓「マーケティング」と「メディア」の統合

　✓「マスメディア」と「インターネット」の統合

　✓「サイエンス」と「アイデア」の統合

出典：著者作成

メディアプランニングの現状

　かつて、生活者のメディア行動がシンプルで、補足できるデータも限定的であった時代には、メディアプランニングの主眼は到達効率の最大化にありました。しかし、メディアプランニングは今まさに大きな進化を遂げようとしています。その進化をもたらしているものが「デジタル化」です。

　メディアプランナーの立場から見たときに、デジタル化には二つの側面があるように思われます。

　一つは、従来の受動的なメディア接触とは質を異にする、生活者の主体的・能動的な「メディア行動」を生んだこと。たとえば、テレビＣＭを見て気になった商品を検索し、情報サイトや企業のWebサイトを閲覧したり、勤め帰りにスマートフォンで調べたお店に立ち寄って商品を購入し、使ってみた感想をソーシャルメディアに書き込んだり、そういった行動が一般化しています。

　もう一つは、「計測性」を高めたこと。広告接触、検索履歴、サイト閲覧や購買行動などがデータとして記録・蓄積され、様々な角度から分析することが可能になりました。

　たとえば、広告出稿と検索数や売り上げとの関係性。自社Webサイト閲覧者、さらにはECサイトを通じた購入者の属性がわかるようになりました。また、DMPに意識調査を掛け合わせることで、マスメディア接触、インターネット上の行動から消費性向、ブランド選択まで、生活者の一連の行動の全体像を把握することも可能になっています。

　このデジタル化の二つの側面、すなわち「生活者の変化」と「データ環境の変化」によって、メディアプランニングの本質が「(広告を)どのように届けるか」から「どうやって人を動かすか」へと進化したといえるでしょう。

　そもそもメディアプランニングに必要な知識体系は、マーケティングとメディアバイイングの二つの領域にわたります。メディア出稿はマーケティング目標達成の一手段であり、またメディアプランニングはメディアバイイングと表裏一体の関係にあるからです。

　デジタル化による変化の波は、当然、マーケティングにもメディアバイイングにも及んでおり、メディアプランナーが対応しなければならない環境変化は実に広範で激しいものとなっています。

　しかし、「人を動かす」という本質をしっかりと理解していれば、高度化した最新のノウハウによって、環境の変化をチャンスに変え、メディア投資をビジネスの成果創出につなげることができるはずです。メディアプランニングは、今や広告・マーケティングの世界で最も注目を集める分野の一つになりました。そして、メディアプランニングの「人を動かす力」、究極的には「顧客を創造する力」への期待は、今後もますます高まっていくものと思われます。

メディアプランニングの基本ワークフロー

　ここで、メディアプランニングの基本的なワークフローを整理してみることにしましょう。

　（図表4－②）はプランニングの必要事項を大まかな流れに沿って示したもので、「メディア概況の理解」に始まり、続く四つのステップから成っています。

　ただし、実際の業務においては、必ずしもステップ・バイ・ステップで作業が進められるとは限りません。ある条件が途中で変更されたり、なんらかの制約が追加されたりするケースも考えられます。したがって、各要素を押さえながらも、むしろ反復的に思考を繰り返しながら進めていくイメージを持っておくことが大切になるでしょう。

メディアプランニングの基本ワークフロー　　　　　　　　（図表4-②）

Step 0【メディア概況の理解】
　メディアについての全般的な概況を把握する

Step 1【マーケティング戦略の確認】
　メディアプランの土台となるマーケティング戦略を確認する

Step 2【課題・機会の抽出】
　ターゲット分析（メディア行動／メディアインサイト）
　競合分析

Step 3【メディア戦略の立案】
　全体設計と予算組み

Step 4【実施計画の策定】
　個別メディアの詳細な出稿計画を策定する

出典：著者作成

4-2. 第4章の全体像

　ここからはメディアプランニングを進めるに当たってのポイントを、（図表4-②）の基本ワークフローに沿って見ていくことにしましょう。

Step0【メディア概況の理解】

　具体的なプランニング作業に入る前に、まずメディア概況について、客観的に理解しておくことが大切です。生活者を取り巻くメディア環境が猛烈なスピードでめまぐるしく変化している中、誤った環境認識をもとにプランニングしてしまうと、広告に期待する効果を得られなくなる恐れがあるからです。

　メディア概況については、広告会社や調査機関が実施している定点観測データやアドホックな調査データをインターネットなどで参照することができます。

　たとえば、博報堂DYメディアパートナーズの「メディア環境研究所」[1]では、生活者のメディア接触、ハードウエアやコンテンツサービスの利用実態を調査した『メディア定点調査』レポートを毎年発表しています。デスクトップリサーチで得られるこうしたデータを定期的にチェックしてみるのもよいのではないでしょうか。

---

[1]　メディア環境研究所
「メディア環境変化の発見（解釈）」と「メディアの新たな使い方の提案（創造）」
を目指し、2004年4月に設立された。http://www.media-kankyo.jp/

Step 1【マーケティング戦略の確認】

....

　さて、具体的にメディアプランニングを行うに当たって、まず押さえなければならないのが【マーケティング戦略の確認】です。メディア出稿は、それ自体が目的ではなく、あくまでもマーケティング目標達成のための一つの手段であるためです。

　目的と手段を合致させるために確認すべきポイントについて、(**図表4－③**) にまとめました。これらの情報がメディアプランを組み立てていく基礎（土台）となります。

確認すべきポイント　　　　　　　　　　　　　　　　　（図表4－③）

```
● マーケティング目標
  ・KGI（Key Goal Indicator）
    売り上げや利益などのビジネスゴール
  ・KPI（Key Performance Indicator）
    ブランド認知率や理解率、購入意向など、広告宣伝活動に
  よって達成したい指標（目標値）
● 予算
● エリア（広告実施エリアとプライオリティ）
● 時期（広告展開、販売計画などのマーケティングカレンダー）
● ターゲット　● 広告表現　● 競合ブランド　● 商品情報
```

出典：著者作成

● マーケティング戦略策定に生かされる知見

　前出の各ポイントについて、きちんと条件規定されていることが教科書的には望ましいわけですが、現実的には「仮置き」されていたり、十分に検討しきれていない場合もあります。従来のやり方が本当に

正しいのか、確証を持てなくなっている広告主企業も少なくありません。近年、「認知を高めるだけでいいのか」「広告の予算規模は適正なのか」など、KPIの選定や予算設定にかかわる議論にメディアプランナーが参画する場面が増えています。

　これは、マーケティング戦略にかかわる意思決定に有効な示唆を、メディアに関連するデータ分析から得られる環境が整ってきたからだと考えられます。メディアプランニング領域の知見を適切に生かすことによって、マーケティング戦略全体のレベルを引き上げることができた実例も増えています。

● KPIの選定に必要な二つの視点

　そもそもKPIは、KGI（多くの場合、売り上げ）との関連性の上に設定されるべきものです。至極当たり前のことのようですが、意外にもそうではないケースは多いものです。

　「認知を高めたい」「バズを起こしたい」など、いずれもよくある相談です。しかし、それがKGIにどうつながっていくのか、仮説を持てているかとなると、残念ながらそうではないことが多いのが現状です。広告出稿の結果、「認知（バズ）は伸びたが売り上げは伸びていない」ということが起きるのは、この段階で適切な議論がなされていないことにも原因の一端があるものと思われます。

　KPIとは、文字どおり、ターゲットを購買に向かわせる鍵（Key）となる指標でなければなりません。メディアプランニングを進める上で常に念頭に置くべき指針であり、同時に表現開発などを含む広告宣伝活動全体の方向性を左右するファクターであるということも忘れてはなりません。

　KPIの設定に当たっては、次の二つの視点を踏まえる必要があります。

①「行動」まで広げて検討する

　従来のセオリーでは、認知→理解→購入意向といった具合に、広告の基本効果指標である「態度変容」をKPIに設定するのが一般的でした。これを今の生活者に当てはめてみるとどうなるでしょうか。

　気になった商品やサービスがあれば「検索」しますし、いいなと思っても決断の前に他の商品と「比較」するでしょう。スマートフォンで「ダウンロード」できるクーポンが店頭に足を運ばせるきっかけになることもあります。

　こうした「行動」が購買に少なからぬ影響を与えていることは容易に想像がつくでしょう。つまり、態度変容（基本効果指標）に加えて、購買プロセスの中で生活者が起こす「行動」を捉える視点の重要性が増しているということです。

②「因果関係」に仮説を持つ

　もう一つの重要な視点は「因果関係」です。自動車などの高関与カテゴリーで見られるように、企業Webサイトへの来訪と実店舗への来店の相関が高いこともあれば、飲料などの低関与カテゴリーのように、CM認知と売り上げの相関が高いものもあります。自社の商材で「なにがKGIに効いているのか」について、しっかりと仮説を持つことが重要なのです。

　先に挙げたような基本効果指標やインターネット上の「行動」に関するデータなどがあれば、統計的なアプローチを用いてKGIとの因果関係を評価することができます。データ環境の変化に伴って、分析技術も飛躍的に進歩しているので、高度データ解析ツールなどを広告実務に積極的に取り入れてみるとよいでしょう。

● KPI目標と予算設定

KPI目標と広告予算は表裏の関係にあり、その設定の仕方には

高度データ解析ツールの例 （図表4−④）

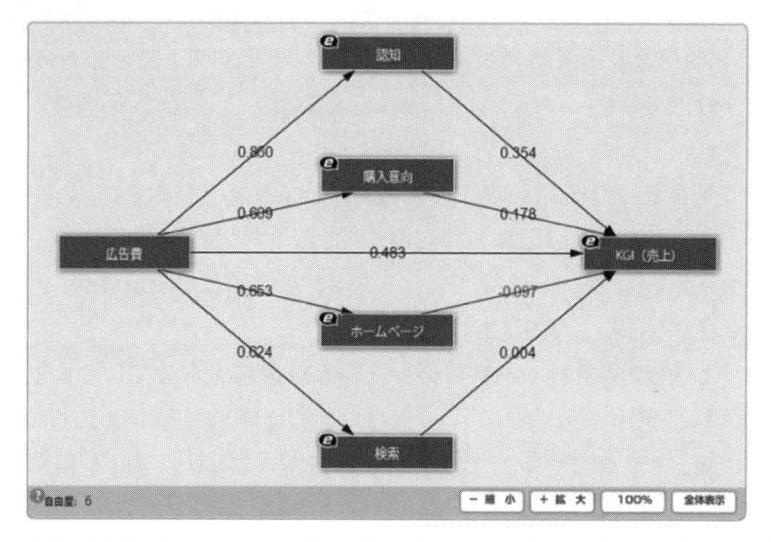

出典：博報堂ＤＹホールディングス　構造方程式モデリング（SEM）ツール「semRon」

現状コンディションの可視化イメージ （図表4−⑤）

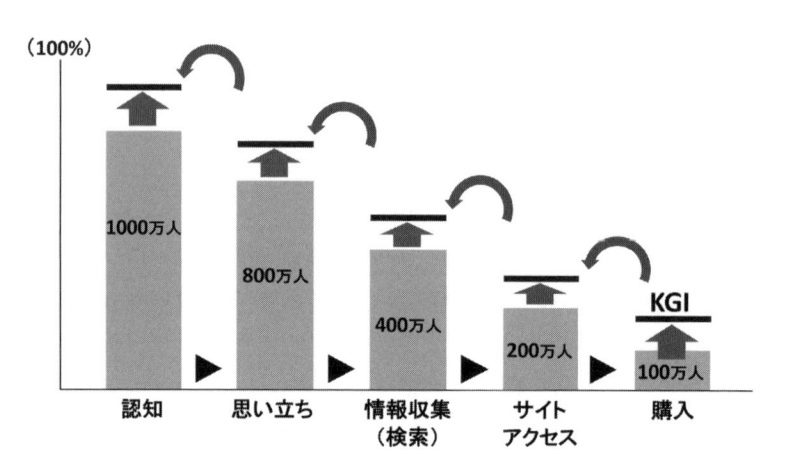

出典：博報堂オリジナルフレームワーク「KPIカスケードチャート™」

大きく分けて二つの考え方があります。それは「先に予算を決める」方法と「KPI目標レベルから予算を決める」方法です。

　前者の「先に予算を決める」方法では、売り上げ（利益）の一定割合もしくは前年の広告費実績をベースに予算が決められるケースが多くなります。

　KPIが認知などの態度変容（基本効果指標）であれば、通常広告会社が蓄積しているキャンペーン・トレース・データのノーム値（基準値）から、投下金額とKPIの関係をシミュレーションすることができます。たとえば、当該予算で認知率は何％上げられるか（あるいは認知率を〇％上げるにはいくら必要か）、推定できるわけです。しかし、前述したような「行動」がKPIに含まれる場合、方法がやや複雑になります。「行動」は現状、ノーム値化が難しいからです。

　まず、独自調査データやインターネット上の実測データなども活用して、指標間の歩留まりや相関関係を分析します。そして、各KPIを直接的・間接的に高める施策を総合的に勘案しながら、目標値及び予算を決めていかなくてはなりません。

　たとえば、サイトアクセス数を推定するには、自然検索やブックマーク経由のオーガニックなアクセスと、バナーやリスティングなど広告経由のアクセスの両方を加味する必要があります。こうした複雑な作業を行うに当たっては、ブランドや商品の現状のコンディションを可視化するフレームワークを活用するとよいでしょう（**図表4−⑤**）。

Step2【課題・機会の抽出】

　マーケティング戦略の確認ができたら、次にメディア戦略における課題や機会の抽出を行う「分析のステップ」に入ります。このステップで有効な示唆を得られるかどうかに、メディアプランニングの成否がかかっているといっても過言ではないでしょう。

● ターゲット分析

　最も重要な分析テーマは、「メディア行動」と「メディアインサイト」です。

　「メディア行動」はメディア選定の手掛かりを、「メディアインサイト」は手法選定の手掛かりをつかむ際に必要な視点です。

　この二つの視点を掛け合わせてみることで、どうしたら期待行動を喚起できるかの仮説を立てられるようになります。つまり、メディア戦略の方向性が見えてくるということです。

ターゲット分析の概念図　　　　　　　　　　　　　　　（図表4－⑥）

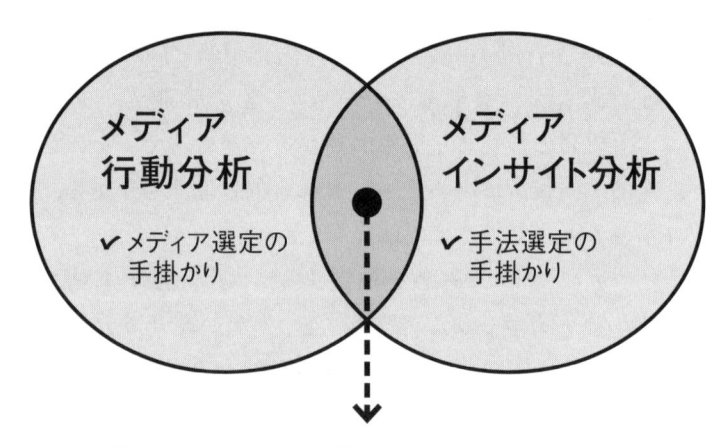

出典：著者作成

● メディア行動分析

メディア行動分析では、ターゲットが商品を購入するまでに、どのようなメディアや情報に接触しているのか、メディア行動の全行程を捉えるとともに、期待行動に影響するメディアを探ります。この時、できる限り定量的に、あらゆるタッチポイント[2]を対象として進めるようにしてください。

ここでは、代表的な分析アプローチをいくつか紹介することにしましょう。

①タスク別タッチポイント分析

購買プロセスにおけるタスク（興味を持つ、情報を調べる、購入の決め手になるなど）ごとに情報源となるタッチポイントを調べます。

メディア行動の行程　※図内の数字（%）はダミー　　　（図表4－⑦）

興味のきっかけ		情報探索		購入選択	
テレビCM	64.0	テレビCM	46.5	テレビCM	45.2
テレビ番組	24.1	店員・販売員の勧め	33.1	店員・販売員の勧め	34.4
店員・販売員の勧め	23.5	商品そのもの	22.2	商品そのもの	27.2
家族・友人・知人などの口コミ	23.4	家族・友人・知人などの口コミ	20.8	家族・友人・知人などの口コミ	22.3
商品そのもの	22.4	テレビ番組	15.3	テレビ番組	12.8
新聞折り込みチラシ	11.3	店内の広告 (ポスター・リーフレット・POP)	11.1	新聞折り込みチラシ	9.7
店内の広告 (ポスター・リーフレット・POP)	9.3	企業・ブランドのインターネットサイト	10.8	店内の広告 (ポスター・リーフレット・POP)	8.6
雑誌記事	7.0	商品比較・価格比較系サイト	7.9	商品比較・価格比較系サイト	7.1
雑誌広告	5.4	新聞折り込みチラシ	7.4	雑誌記事	6.4
ブログやSNSの書き込み	4.5	雑誌記事	5.6	企業・ブランドのインターネットサイト	6.4
新聞記事	3.7	ブログやSNSの書き込み	4.4	ブログやSNSの書き込み	4.8
新聞広告	3.4	インターネット広告 (スマホ・携帯電話・PHS)	4.2	雑誌広告	3.6
商品比較・価格比較系サイト	2.9	雑誌広告	3.3	インターネット広告 (スマホ・携帯電話・PHS)	1.8
企業・ブランドのインターネットサイト	2.8	新聞記事	2.8	新聞記事	1.7
フリーペーパー・フリーマガジン	2.0	インターネット広告 (パソコン・タブレット端末)	2.8	新聞広告	1.4

出典：著者作成

※2　タッチポイント

ブランドと顧客との接点のこと。顧客にブランドの印象を与えるすべての接点が当てはまる。ほかに、コンタクト・ポイント、体験ポイント、リレーションポイントと呼ばれることもある。

②デジタル・アクチュアルデータ分析

　サイトアクセス解析ツールを活用すれば、検索やWebサイト閲覧など、能動的な情報探索行動について詳しく調べることができます。また以下のような分析からも、メディア戦略の全体設計に有用な示唆を得ることができます。

デジタル・アクチュアルデータ分析の例　　　　　　　　　　（図表4－⑧）

・検索行動分析（どのようなワードやワードの組み合わせで検索されているか、それらがいつ・どのくらい検索されているかなど）
・自社Webサイト流入分析（どこから流入してきたか、サイトアクセスの曜日・時間帯など）
・デバイス分析（PC／スマートフォン別のアクセス状況など）
・アトリビューション分析（サイト流入直前に接触した広告やコンテンツだけでなく、そこに至る過程における、すべての接触履歴を解析して、それらの貢献度を評価する手法）
　など

出典：著者作成

　また、調査対象者のインターネット上の行動を分析できる大規模パネルデータを活用すれば、自社Webサイト外の閲覧行動を追うことができるので、競合商品との比較行動など、ターゲットの情報収集活動の実態を探ることも可能です。

③パス解析

　因果関係をパス（矢印）で示す手法であり、統計解析手法の一つである構造方程式モデリング（SEM）を用いることが多い方法です。たとえば過去に実施したキャンペーンにおいて、どの

インターネット上の比較閲覧行動分析イメージ　　　　　　　（図表4-⑨）

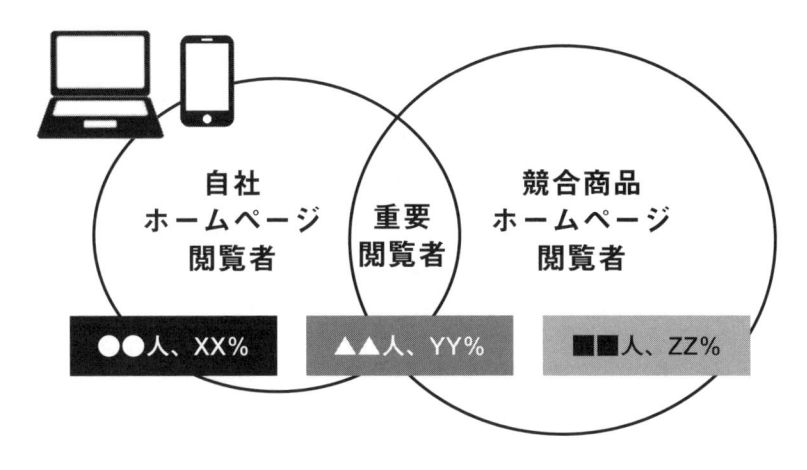

自社
ホームページ
閲覧者

重要
閲覧者

競合商品
ホームページ
閲覧者

●●人、XX%　　▲▲人、YY%　　■■人、ZZ%

出典：著者作成

「パス解析」のイメージ　　　　　　　　　　　　　　　（図表4-⑩）

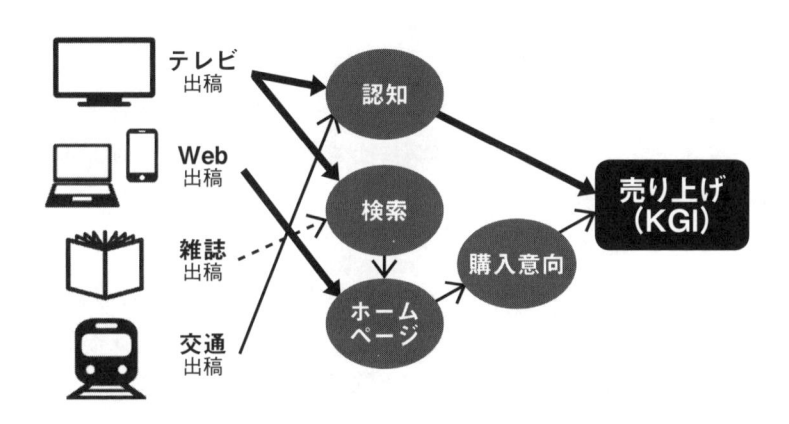

テレビ
出稿

Web
出稿

雑誌
出稿

交通
出稿

認知

検索

ホーム
ページ

購入意向

売り上げ
（KGI）

出典：著者作成

ような広告を見た結果、どのような反応が生じ、どのような購
買行動に至ったかなどの経路をパスとして示すことで、視覚的
に理解できるようになります。

● トリプルメディア（POE）で整理してみる

　メディア行動分析をまとめる際には「POEマトリックス™」の
ようなフレームワークを活用してみるのもよいでしょう。

　POEとは、生活者が接する多様な情報源を、以下の三つの形
態に分けて考える「トリプルメディア」と呼ばれる概念です。

　P：ペイドメディア（Paid Media）
　企業が費用を支払って広告出稿する従来型のメディアのこと。
　テレビ、ラジオ、新聞、雑誌などのマスメディアや、インターネッ
　トにもバナー広告、リスティング広告、動画広告などがある。
　O：オウンドメディア（Owned Media）
　企業が所有する自社サイトや店舗など、企業が生活者と直接
　コミュニケーションできるメディア。
　E：アーンドメディア（Earned Media）
　第三者によるメディアコンテンツのこと。ブログやソーシャ
　ルメディアなど生活者が発信するものや、媒体社の番組・記
　事など。企業がコントロールすることはできない。

　「POEマトリックス™」は、縦軸にトリプルメディア、横軸に
それがどのような場で機能しているのかを置き、生活者が接す
るあらゆる情報を九つの枠で一覧できるようにしたものです。
分析を通して見えてくる「ターゲットのメディア行動の全体」
を俯瞰的に整理するのに役立つでしょう。

POEマトリックス™ （図表4 －⑪）

	マス	Web	屋外・店頭
Paid Media	TV 新聞・雑誌 ラジオ	インターネット	流通（交渉あり） 屋外広告 POP
Owned Media	（自社媒体を 持つ場合）	自社サイト キャンペーンサイト EC/コミュニティー	カタログ 店舗 自販機
Earned Media	マスメディア 掲載記事	ブログ SNS	流通（交渉なし） リアルクチコミ セールストーク

※枠内は代表的な例。実際には分析によって発見されるメディアを具体的に記入する。

出典：著者作成

メディアインサイト分析 （図表4 －⑫）

出典：著者作成

④メディアインサイト分析

メディア行動の「なぜ？」を考察することも重要な視点となります。購買プロセスにおいて、いつ・なんのために・どんな情報を求めているのか、ターゲットの「情報ニーズ」や行動のきっかけとなる「ツボ」を探ります。

この分析に当たっては、必ずしもすべてがデータに基づいている必要はありません。むしろ数字には表れない潜在欲求を読み解こうとする姿勢が大切なので「生活者として、自分ならどうだろう」と考えてみるのも有効でしょう。深い考察からは、やるべきこと（やってはいけないこと）が浮かび上がってくるはずです。

ここでも考察材料として、自社Webサイトへのアクセス状況や検索ワードなどインターネット上の行動データや、SNS投稿内容やクチコミサイトへの書き込み情報などが役に立ちます。イメージとしては、生活者の本音や深層意識を探るグループインタビューやデプスインタビューに近いかもしれません。

こうして考察したメディアインサイトは、たとえば吹き出しに「生の声」の形でまとめたり（**図表4−⑫**）、POEや購買プロセスごとに整理してみたりするのもいい方法です。ポイントは、ターゲットの心理について、リアリティーを持ってできるだけ可視化してみることです。

⑤競合分析

競合分析では、主に6媒体（テレビ、ラジオ、新聞、雑誌、交通、インターネット）の広告統計データを用いて、競合企業またはブランドが、どのようなメディアに、いつ、どの位、どのような出稿をしているかを分析します。

また、デジタルデータを上手に活用すれば、競合Webサイト

の閲覧状況やネット上のクチコミ拡散状況などを分析することもできます。

そうして把握できた情報を、ここでもたとえばPOE（トリプルメディア）で整理してみると、メディア戦略上の競争環境が俯瞰的に見えてきます。自社の戦略を検討する際に、抜けや漏れがないかどうか、対抗策の必要があるかどうかなどを判断する材料として、緻密な競合分析は非常に重要です。

Step3【メディア戦略の立案】

メディア戦略は、どのようにしてKPIを達成するのか、「メディアの使い方」「時系列展開」「予算組み」を含むメディア投資の全体方針を明確に規定するものです。常に多くの事柄が複雑に動いている広告実務の現場において、個別の判断に迷った時に立ち返るべきものともいえるでしょう。

本来、目的（KPI）と根拠（分析）を示せないものは、優れた戦略とは呼べません。ここで今一度、Step 1、Step 2の重要性を認識しておきましょう。

● メディアの使い方を規定する

「メディアの使い方」とは、メディアごとの「役割」と「手法」、メディア間の「連携」について規定するものです。Step 2の主要な二つの分析（メディア行動分析とメディアインサイト分析）が十分にできていれば、なんのために・どのメディアを・どのように活用するのが効果的か、仮説を立てることは可能なはずです。

ここで「カスタマージャーニー」[3]と呼ばれるフレームワークを活用して、マップに落としてみることにしましょう（**図表4−⑬**）。

一つのメディア施策が、次にどんな行動を生むのか。単に線を引

くのではなく、広告表現やコンテンツまで考慮して「動かし方」を具体的に設計していくことがポイントです。

　ターゲットが購入に至るまでの一連のプロセスを、時系列順に「線」として浮かび上がらせることができるので、戦略にリアリティーが増します。

● 行動をつなぐインターネット広告

　カスタマージャーニーをブラッシュアップしていく過程で、デジタルメディア（POE）の役割の多彩さと重要性に気が付くことでしょう。中でもペイドメディア（P）であるインターネット広告の使い分けは、予算組みに直結する問題でもあるので、広告形態レベルにまで落として検討しておくことが望ましいと思われます。

● 時系列展開の基本

　時間軸の尺度については、おおむね「キャンペーン（短期）」と「年間」の二つに大別されます。前者で多いのは、数週間～3カ月程度のタイムラインに週次でメディア施策をプロットするケースです。

　まずはカスタマージャーニーを下敷きにして、ターゲットのメディア接触と情報行動のスクリプトを詳細に組み上げる作業をイメージしてみてください。

　たとえば、テレビCMを見て、自社のWebサイトを訪れた人にリターゲティング施策を打つなら、いつのタイミングが適切でしょうか？　雑誌広告の掲載はテレビCMの開始と同時でいいでしょうか？

　Web動画が他のすべてに先行するというキャンペーン設計があっ

※3　カスタマージャーニー
　顧客が商品やサービスを知ってから購買するまでの、行動や思考、感情や心理の動きなどを示した顧客の購買プロセスのこと。

カスタマージャーニー・マップ例 （図表4-⑬）

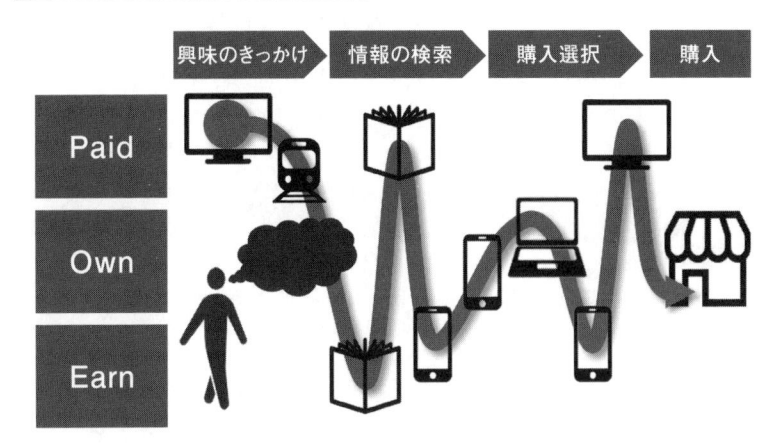

出典：著者作成

インターネット広告の広告形態 （図表4-⑭）

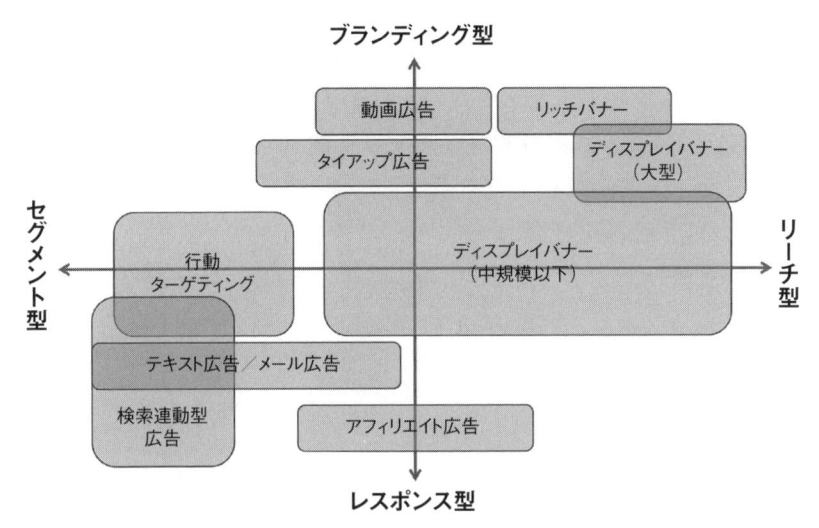

出典：著者作成

てもいいかもしれません。

　一方、「年間」の時系列展開は、基本的には販売・販促計画及び広告予算規模に応じて策定しますが、競合商品の出稿パターンや季節性、広告の忘却などを総合的に勘案することで、より戦略性を高めることができます。

● 予算配分

　各メディアへの予算配分の最適化は非常に重要かつ難しいテーマです。

　使用するメディアのいずれかに接触する人数（トータルリーチ）の最大化を目的とした所謂「メディアミックス型」プランニングが主流であった時代には、オプティマイザー※4によって予算配分を決定することができました。しかし、前述したように「（広告を）どのように届けるか」から「どうやって人を動かすか」を考えることにプランニングの本質が変質した現在、トータルリーチ最大化型の予算配分方法では戦略との整合性が取りにくくなってきています。

　実際には多くの広告主企業が、戦略上規定された各メディアの役割に応じて、それぞれKPIに対する直接・間接的効果を勘案しながらメディア別の概算予算を当て込み、それらを合算して総予算とするという「積み上げ型」のアプローチを採用しています。

　この「積み上げ型」を採る場合、必要に応じて目標値や総予算の調整を行うプロセスをあらかじめ想定しておくことが重要となります（111ページ「KPI目標と予算設定」参照）。

※4　オプティマイザー
　新規顧客獲得のための最も効果的なメディア活用を考えること。

● マーケティング・ミックス・モデリングによる最適化

　近年のデータ環境の変化によって注目を集めている予算配分の最適化手法に「マーケティング・ミックス・モデリング」（以下MMM）があります。これは、過去に実施したメディア施策とKPIもしくはKGIの関係を統計的に解析し、各施策の貢献度とROIなどから最適配分を算出する手法です。

　メディア施策以外にも、たとえば配荷率や販促活動などを説明変数に加えることによって、モデル（最適配分）の説明力を高めることができます。MMMには時として「現場感覚に合わない」との指摘がありますが、メディア／領域における経験値や肌感覚をモデリングに反映させることは十分可能だと思われます。

　すでに多くの広告主企業で活用されていますが、データ環境と分析技術の進化に対する理解の広がりとが相まって、MMMを採用する企業は増加傾向にあります。

MMMアウトプットイメージ①　　　　　　　　　　　　　（図表4 − ⑮）

□ 販売に対する貢献度

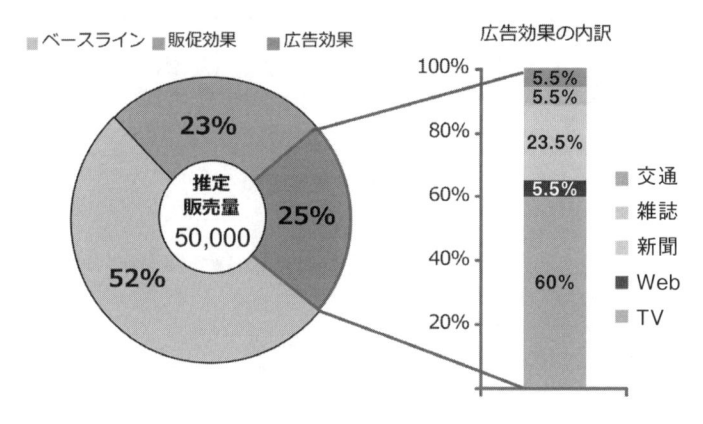

出典：博報堂DYホールディングス「m-Quad」

MMMアウトプットイメージ②

□ 施策別投資効率曲線

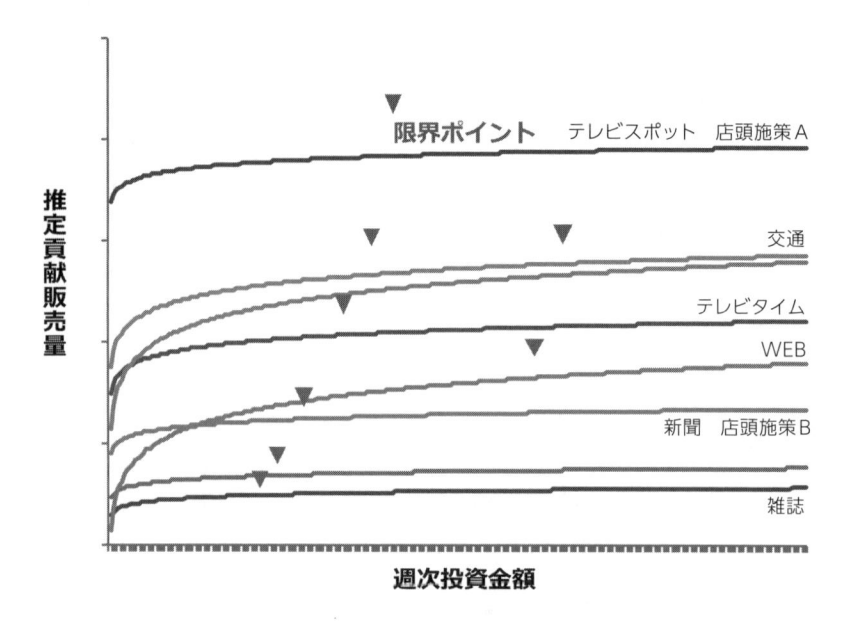

出典：博報堂DYホールディングス「m-Quad」

MMMアウトプットイメージ③

□ 時系列データ解析結果

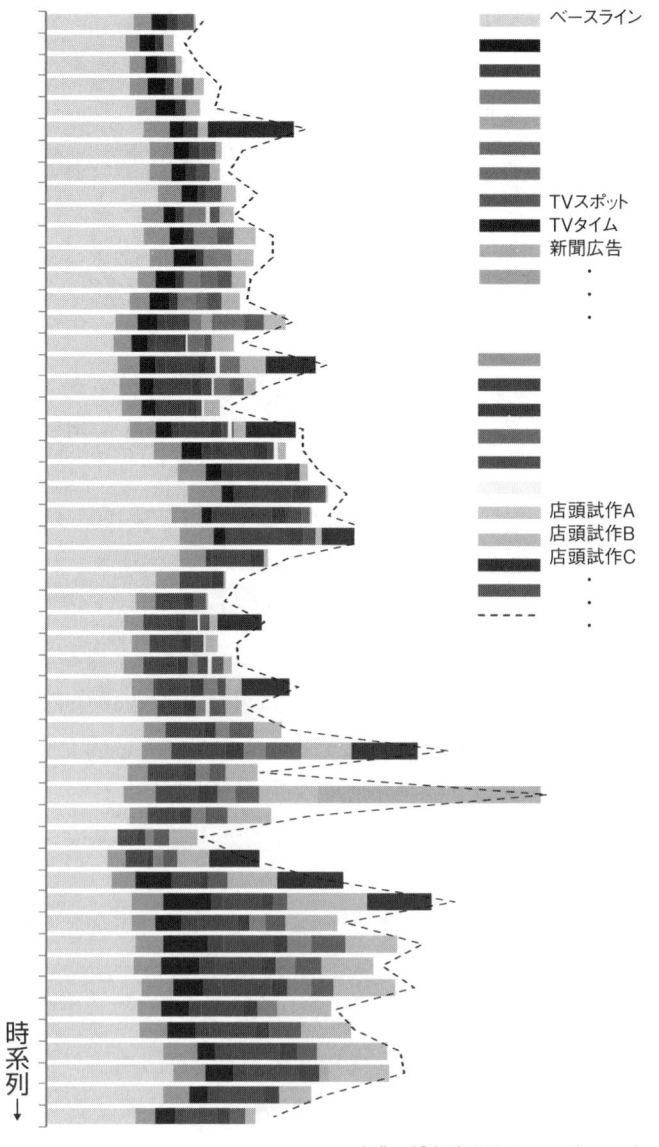

ベースライン

TVスポット
TVタイム
新聞広告

店頭試作A
店頭試作B
店頭試作C

時系列
↓

出典：博報堂DYホールディングス「m-Quad」

Step4【実施計画の策定】
....

● 個別メディアプランの策定

　このステップでは、各メディアの概算予算の中で、それぞれ最も効率的な出稿プランを作成します。

　ここでいう効率とは、基本的にはターゲットへの「到達」効率を指します。到達効率を測る各メディア共通の指標としては「リーチ」「CPM」、メディアごとには「GRP（テレビ）」「聴取率（ラジオ）」「閲読率（新聞・雑誌）」「インプレッション（インターネット）」などがあります。

　通常、広告会社は各メディアの出稿プランを最適化するための各種システムを保有しているので、それらのシステムを活用して具体的な計画に落としていきます。

　たとえばテレビであれば、使用する放送局やCMを放送する曜日・時間帯など、また新聞や雑誌では出稿ビークルなどを選定します。

　具体的な出稿プランの作成に当たっては、メディアバイイングに関する幅広い知識（料金体系や取引形態など）を持っていることが前提となります。また、コストの見積もりに付随する各種条件や出稿期間中の空き枠状況などを正しく把握するためにも、バイイング担当者と緊密な連携を取りながら進めることが重要です。

　近年、従来のシステムに加えて、新たなメディアデータやシステムを活用する動きも出てきています。

　最新の「テレビ視聴パネルデータ」を活用すると、たとえば「健康飲料を愛飲しているネットスーパー利用者」といった詳細なセグメントの、テレビ視聴の分析ができるようになります。

　また、「テレビとWeb動画の重複接触データ」を活用すれば、テレビCMとYouTubeなどの動画広告の最適予算配分を算出することができます。

□ 時系列データ解析結果

CM放送時間帯（ゾーン）

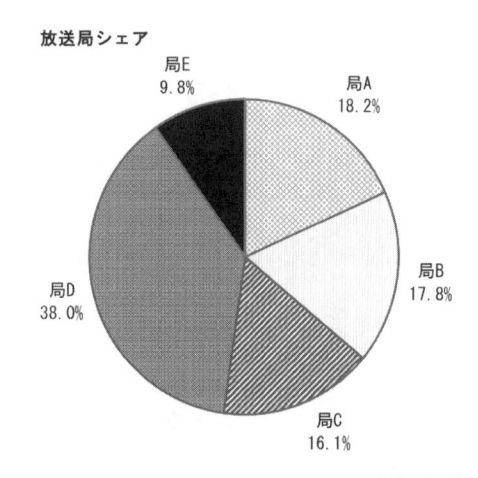

放送局シェア

- 局E 9.8%
- 局A 18.2%
- 局B 17.8%
- 局C 16.1%
- 局D 38.0%

出典：著者作成

システムによる出稿プラン評価例②

□ 新聞出稿プラン評価例

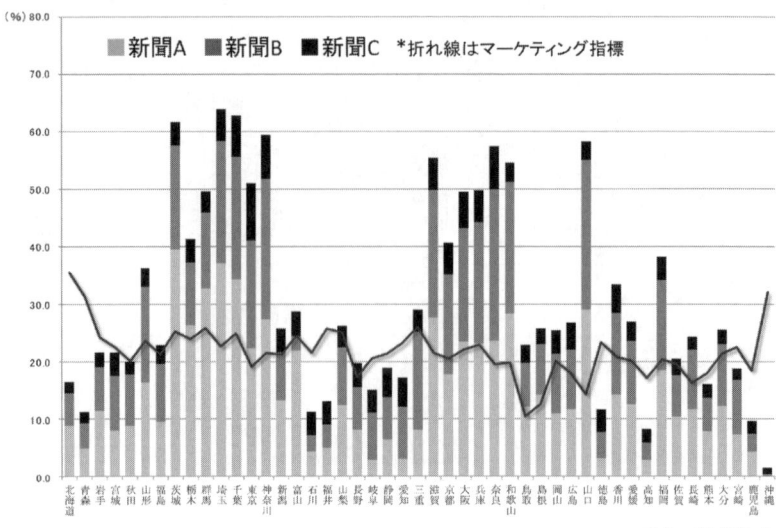

出典：著者作成

システムによる出稿プラン評価例③

□ 雑誌出稿プラン評価例

順位	ビークル	ユニット	アドリーチ 1+増分	累積アドリーチ 1+							累積コスト 千円)	コスト 千円)
					0	5	10	15	20	25	30		
1	雑誌ビークルA	4C1P	3.0	3.0								2,000	2,000
2	雑誌ビークルB	4C1P	2.2	5.2								4,000	2,000
3	雑誌ビークルC	4C1P	1.9	7.1								6,000	2,000
4	雑誌ビークルD	4C1P	1.2	8.3								8,000	2,000
5	雑誌ビークルE	4C1P	0.9	9.2								10,000	2,000
6	・・・	4C1P	1.0	10.2								12,000	2,000
7	・・・	4C1P	0.9	11.1								14,000	2,000
8	・・・	4C1P	0.8	11.9								16,000	2,000
9	・・・	4C1P	0.8	12.7								18,000	2,000
10	・・・	4C1P	0.7	13.4								20,000	2,000
11	・・・	4C1P	0.7	14.1								22,000	2,000
12	・・・	4C1P	0.6	14.7								24,000	2,000
13	・・・	4C1P	0.7	15.4								26,000	2,000
14	・・・	4C1P	0.6	16.0								28,000	2,000
15	・・・	4C1P	0.6	16.6								30,000	2,000
16	・・・	4C1P	0.5	17.1								32,000	2,000
17	・・・	4C1P	0.6	17.7								34,000	2,000
18	・・・	4C1P	0.5	18.2								36,000	2,000
19	・・・	4C1P	0.5	18.7								38,000	2,000
20	・・・	4C1P	0.5	19.2								40,000	2,000
21	・・・	4C1P	0.5	19.7								42,000	2,000
22	・・・	4C1P	0.4	20.1								44,000	2,000
23	・・・	4C1P	0.4	20.5								46,000	2,000
24	・・・	4C1P	0.0	20.5								46,000	2,000

出典：著者作成

こうした新たなデータ／システムの活用は、出稿プランの精度向上が期待できることから、今後より多くの広告主企業向けに拡大していくものと思われます。

● インターネット広告では運用方針を明確に

インターネット広告は、あらかじめ掲載メディアを特定して枠を購入する「予約型」と、指定期間内に入札形式で取り引きする「運用型」に大別されます。

特に「運用型」については、メディアプランナーと運用担当者の間で業務プロセスの共有がこれまで十分に促進されてきませんでした。ここまでに述べてきたとおり、マスメディアとインターネット広告を含むデジタル施策全般の統合的なプランニングが求められるようになった今、メディアプランナーが「運用方針」を明確に示す必要性が高まっているのは必然といえるでしょう。ターゲットセグメント、キーワード（リスティング広告）、配信カテゴリー（バナー広告）、入札単価などについて運用担当者とすり合わせ、事前に「運用方針」として共有しておくことが重要です。

● DMPを活用した最新のアプローチ

DMPには、様々な定義が存在しますが、いわゆる「ビッグデータ」を統合管理するソリューションのことです。現時点では、インターネット広告配信の最適化がその使用目的として語られることが多い状況にありますが、次世代型のメディアプランニングの基盤技術としても活用が進んでいます。

DMPを活用すれば、様々なアクチュアルデータをもとに、どんな人が・どのメディアで・どんなコンテンツを・いつ・どの位接触して・その結果どんな行動を取っているかを捕捉することができます。そうなれば、ターゲティングの精度は飛躍的に高まり、カスタマージャ

ーニーを個別的に捉えたインターネットの広告配信まで、一気通貫で打ち手を最適化することが可能になります。

　すでに、マスメディアのプランニングとインターネット広告の「運用」を統合したデータドリブン型のアプローチは実用化段階に入っています。今後、こうした最新のマーケティングテクノロジーを使いこなすスキルが、メディアプランナーにとっても必須となっていくことは間違いないものと思われます。

実用化段階に入った次世代型メディアプランニング　　　　（図表4−⑰）

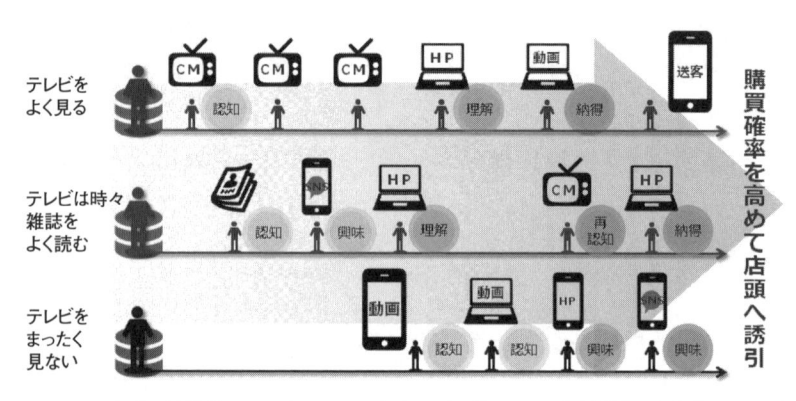

出典：博報堂DYメディアパートナーズの「Querida」を活用した施策イメージ

4-3. 「メディア企画」の重要性

　メディア出稿に関する意思決定の確からしさを高めるという点において、データドリブン型の科学的なアプローチが重要性を増していることは間違いありません。しかし、メディアプランニングには、もう一つの要素として「アイデア」ベースのアプローチが必要なことも、また確かです。

　ここで求められるアイデアとは、メディアの可能性を引き出す「メディア企画」のことです。

　「画像投稿型SNSとのタイアップで雑誌コンテンツをもっと有効活用しよう」「iBeaconを使って屋外広告を自社Webサイトへの導線にしよう」「公式アカウントからの情報提供をターゲットのセグメントごとに変えよう」など、また媒体社とコラボレーションしたコンテンツ制作、テクノロジーを活用したタッチポイントの開発など、様々なアプローチが考えられるでしょう。

　ここで、先ほどお話しした「パス解析」を思い出してください。「メディア企画」を考える上で大切なことは、企画目的を明確にすることです。「パス」をより太くするにはどうしたらいいだろうか？　新しく「パス」を描き足すことはできないだろうか？ といったように、ターゲットの「行動」から発想するのがコツです。

　メディアプランの「人を動かす力」を高めるためには、サイエンスとアイデア、両サイドからのアプローチをしっかりと嚙み合わせることが大切です。メディアプランナーは、いうなれば「理系と文系の交差点」に立つ存在であり、メディア企画発想の優れたアイデアを生み出せるよう、日頃から情報収集に努め、できるだけ多くの引き出しを持つよう心掛けたいものです。

4-4. PDCAサイクルを回すには

　さて、ここまでメディアプランニングの内容について説明してきましたが、最後にPDCAサイクルの考え方についても触れておく必要があるでしょう。

　「PDCAサイクル」は、もはや一般用語化しているといっていいほど、頻繁に聞かれる言葉になっています。しかし、これを本当の意味で「回せている」といえるケースはどれ位あるでしょうか。

　PDCAサイクルがうまく回らない症状のうち、特に「C」のCheck（チェック）の段階でサイクルが寸断されてしまうケースが非常に多いようです。要因は様々ありますが、メディアプランニングの視点からは主に三つの要因を挙げることができます。それらの要因と処方箋を以下にまとめておきます。

1. チェックすべきものがわからない

　そもそもKPI（目標）がなければPDCAは回せません。チェックとは、改善策を考えて次につなげるために、目標と結果のギャップを計測し、その要因を探ることです。その意味でも、PDCAを回すことをあらかじめ想定して、定量的に計測可能なKPIを設定しておく必要があります。

2. チェックの方法がわからない

　KPI目標値を「達成した／しない」だけを見ても、それは評価（レポーティング）であってチェックではありません。要因を探るには、メディア出稿と指標間の因果関係や、なにがボトルネックだったのか、予期せぬ外的要因があったのかなどについて、しっかりと分析する

必要があります。

3. チェックするためのデータがない

　分析にはデータが不可欠です。KPI指標以外にも、基本効果指標、インターネット上の行動、自社のメディア出稿金額、売り上げや競合出稿など、多様な要素についての定量的かつ継続的なトラッキングデータの取得・蓄積が必要です。

マーケティングダッシュボードの可能性

　冒頭でも指摘したとおり、デジタル化による変化の一つの側面である「データ環境の変化」によって、取得できるデータの種類と量は飛躍的に増大しています。こうした莫大なデータを、どう管理・利活用してPDCAを運用に乗せられるか。実はここに広告主企業と広告会社に共通した課題があります。

　最近、「マーケティングダッシュボード」と呼ばれるソリューションツールに注目が集まっているのも、その証左の一つといえるでしょう。こうしたツールを活用することのメリットは、主に二つあります。

　一つ目は「ダッシュボード」という名称が表しているとおり、「データ管理の一元化」です。実際、データが社内外、組織内外に分散していることが、PDCAサイクル寸断の要因であることが多く、このように分散しているデータを一元的に管理するツールを用意することで、PDCAの業務環境は大幅に改善されます。

　二つ目のメリットは「業務プロセスの改善」です。データを一元管理できるようになると、「チェック（C）」のプロセス（課題発見や改善策の立案）に、より多くのリソースを割けるようになります。可視化されたデータを真ん中に置いて業務にかかわる全員が状況を共有し、KPIを共通言語としたディスカッションの質量を高めるこ

マーケティングダッシュボード例 （図表４−⑱）

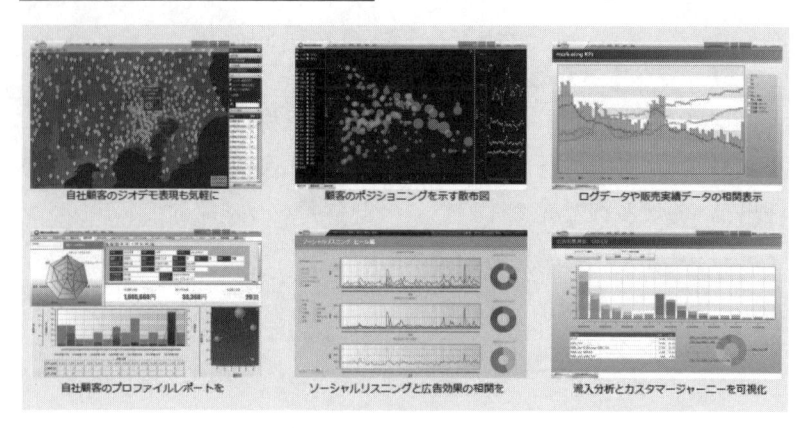

出典：博報堂DYホールディングス「Vision-Graphics™」より

　とで、メディア投資を含むマーケティング戦略全体の成功確率が上がるというわけです。KPIの選定や最適化モデルの構築、施策実行中の進捗確認、事後検証といったPDCAサイクル全体のプロセスマネジメントの基盤ツールとして、ダッシュボードを導入するメリットは非常に大きいといえるでしょう。

　高度化するメディアプランニングをPDCAサイクルの中にしっかりと組み込み、広告主企業と広告会社が共通の業務基盤の上で、ワンチームとなって成果創出に取り組むことを可能にするマーケティングダッシュボードの導入は、メディアプランニングにもさらなる進化をもたらすはずです。

4-5. 第4章のまとめ

- 「（広告を）どのように届けるか」から「どうやって人を動かすか」へ。デジタル化による環境変化を理解し、メディアプランニングの目的意識をシフトする。
- マーケティング戦略とメディアプランニングを結ぶ重要な指標であるKPIは、ターゲットの「行動」と指標間の「因果関係」を踏まえて設定する。
- どうしたらKPI目標を達成できるかの仮説を立てながら、トリプルメディア（POE）視点を持って「メディア行動」と「メディアインサイト」を分析する。
- 最新のメディアデータや統計解析手法、マーケティングテクノロジーを取り入れた科学的なアプローチによって、メディア戦略の確からしさを高め、打ち手を最適化する。
- メディアの可能性を引き出してターゲットを動かす「メディア企画」発想のアプローチと科学的なアプローチの両輪で、メディア効果を最大化する。
- PDCAサイクルのC（チェック）に必要なデータ環境と、運用に乗せるための仕組みを整え、課題発見及び改善策立案プロセスの精度とスピードを上げる。

<了>

宣伝広告と
クリエイティブの
判断基準

執筆：ワン・トゥー・テン・ホールディングス
代表取締役社長
澤邊芳明

5-1. 宣伝広告とクリエイティブの判断基準とはなにか?

　本章では、この10年で大きく変化した「宣伝広告の今」を読み解くとともに、どういったクリエイティブが機能し、作用するのかを考えていきたいと思います。

　「広告の未来は広告ではない」。これは、AKQA（アメリカのクリエイティブエージェンシー）の元CCOレイ・イナモト氏の言葉です。私は1997年のワン・トゥー・テン創業以来、広告業界の大きな変化を目の当たりにしてきました。20世紀後半、デジタル化の波が押し寄せ、我々のライフスタイルは大きく様変わりし、その変容が経済の写し鏡である広告を変えたといえるでしょう。

　デジタル化はアドテクノロジーを生み、叫ぶ広告から、寄り添う広告に変えました。消費者の嗜好や行動に合わせて、最適なタイミングで最適な内容を伝えるべく、広告は進化しているのです。

　また、デジタル化はクリエイティブの性質を変えました。一方通行で消費される存在から、体験によるブランド理解、そして社会を動かす力へとなりました。

　さらにデジタル化は広告ビジネスも変えました。インターネット広告費（媒体費＋広告制作費）は2014年に大台の1兆円を超えて1兆519億円（前年比112.1%）になりました（電通「2014年　日本の広告費」）。地上波テレビが1兆8347億円（同102.4%）ですから、このままの勢いで成長すれば、10年ほどで同程度の市場規模になりそうです。電通イージス・ネットワークで見ると、デジタル事業構成比は2014年度に43%、2015年度上期に46%と、着実にデジタル比率が高まっていることがわかります。

今、多くの広告関係者や宣伝担当者が悩み、模索している状況です。トラディショナルと呼ばれる Above the line[1] の領域で長くクリエイティブにかかわったクリエイターにとっては多様性が驚異かもしれません。オンライン化をデジタル化と捉えている方もいるかもしれません。しかし、実はデジタル時代に産声をあげた我々ですら、この流れを驚異に感じているのです。この大きな変化の本質はなにか? 今、企業に必要なコミュニケーションとはなにか? 理解の手助けになればと願いつつ、広告大変革時代をサバイブする道をともに探っていくことにしましょう。

第5章のポイント

<広告クリエイティブの評価に必要な三つのポイント>

☐ 現状の社会課題・企業課題を理解したストーリーテリングができているか?

☐ それぞれのメディアの特性を把握し、複合的に組み合わせることで効果を最大化しているか?

☐ 心を動かす作用点を明確にアイデアに取り入れ、機能する理由を提示できているかどうか?

---

[1]　Above the line
テレビ・新聞・ラジオ・雑誌のマスメディア4媒体を使ったプロモーションのこと。

5-2. そもそも「クリエイティブとはなにか」 という前提について

すべては落書きから始まった〜次元の拡張〜

　一説によると、現存する最古の広告は、古代エジプトの都市、テーベの遺跡から発掘されたパピルスの手書きのもので、大英博物館にその現物が保管されています。

　内容は、「逃亡した奴隷シェムを連れ戻してくれたら、お礼に金を差し上げる」といういわゆるビラで、紀元前1000年頃のものとされています。また、遺跡からも多くの落書きが見つかっており、おそらく、こういった落書きやビラを通じて、言葉や絵でなにかしらの行動を促すことが広告の始まりだったのでしょう。

　日本では、江戸時代に引き札（チラシ）や軒下の看板が発展しました。土用の丑の日に鰻を食べるという当時のキャッチコピーは今でも生きています。

　そして、時は経ち、1864年に世界最初の広告代理店J・W・トンプソンが創業され、現代の広告業界の歴史が始まりました。日本では、電通が前身の日本広告を1901年に設立、博報堂は1895年の創業です。明治維新の混乱が落ち着き、文明開化の波の中で新聞広告の取り次ぎを中心とした広告業が発展していきました。メディアミックス型広告として、テレビCMと連動したホーロー看板が生まれ、さらにティッシュ広告など、日本独自の広告文化が花咲いていったのです。

　広告クリエイティブにとって重要なこと、それは情報伝達手段であるメディアという制約されたキャンバスの中で、なにをどう「伝え

る」かです。そして、それによって、パーセプション（認識）を変え、購買へ態度を向けさせること。マーケティングの役割は、消費者と販売者のパーセプションギャップ（認識のズレ）を埋めることでもあるわけです。

映画やテレビといった映像メディアが登場するまで、広告クリエイティブの基本は、ラジオの音声か、新聞・雑誌におけるコピー（文字）とビジュアル（挿絵）でした。そして、その約100年後、インターネット広告もまた、オプトインメールやバナー広告などの簡易な表現から歴史が始まりました。そう、すべてはブランドのawareness（認知）を高めるために。

デジタル・クリエイティブの黎明

1980年代後半からマルチメディアというバズワード[※2]が世間をにぎわすようになりました。これは読者のみなさんもご記憶ではないでしょうか。

MacやWindowsの登場により、一般人が文字、画像、音声、映像、アニメーション、プログラムを自由に加工し、デジタルメディアに保存し、配布できるようになったのです。

1990年代半ば、Macromedia社（のちにAdobe Systems社に吸収）からDirectorが発売され、CD-ROMオーサリングが一気に流行します。CD-ROMにコンテンツメニューとしてのUI（ユーザーインターフェース）があり、映像閲覧やゲームを楽しむことができました。このDirectorコンテンツをWeb上で再生できるようにしたプラグイ

※2　バズワード
　人に関心を持ってもらうための流行語で、具体性がなく明確な合意や定義のない用語。また、当初の専門用語が本来の意味から離れて流行語になることもある。

ンがShockwaveであり、その簡易版としてShockwaveFlashが登場し、のちに一大旋風を巻き起こします。

マスメディアによって配布・配信される情報は、基本的に一方通行の情報伝達であり、その接触において、時間軸はないか（一瞬の情報接触）、強制的に与えられる時間軸となります。つまり、録音や録画を抜きにすれば、受け手がその再生に関与することはできません。「見逃せば終わり」だったのです。

しかし、マルチメディアコンテンツはオンデマンド、つまり、要求に応じて振る舞いを変えることができます。ついに双方向＝インタラクティブなメディアが誕生したのです。

インターネット時代の幕開け

1995年、インターネットプロバイダーの開設が相次ぎました。日本ではこの年をインターネット元年と呼んでいます。著者がインターネットに初めて触れたのもこの年でした。

それまでパソコン通信と呼ばれたオンラインネットワークはあったものの、それは会員を中心とした閉鎖的なもので、あくまでも電子掲示板の集合体であったため、世界中に同一プロトコルで接続できるインターネット、WWW（ワールド・ワイド・ウェブ）とは、規模が比べものになりませんでした。HTTPはWebサイトの制作を可能にし、それに前述のFlashが組み合わされることで、マルチメディアコンテンツをオンライン配信できる時代を迎えたのです。

デジタルがもたらしたカンヌライオンズの変化

フランスのカンヌライオンズ国際クリエイティビティ・フェスティバルは、アメリカのOne Show、クリオと並び、世界三大広告賞の一

つといわれる広告賞で、毎年6月下旬にカンヌ市にて開催されます。

　元々は1954年に創設され、映画に併映される劇場CM（シネアドなどとも呼ばれる）を評価するために、映画の興行主で構成される「SAWA（「Screen Advertising World Association」の略）」という団体が主催し、International Advertising Film Festivalとして始まりました。

　当初はFilm部門、それも35mmフィルム作品のみのコンクールでした。ベネチアで開かれたのですが、その後、カンヌとベネチアと毎年交互に開催されるようになり、1984年からカンヌに落ち着きました。そこで名を変え、長らくカンヌ国際広告祭（Cannes Lions International Advertising Festival）の名前で開催されていたのですが、2011年には名称から「広告」の字が外れ、カンヌライオンズ国際クリエイティビティ・フェスティバル（Cannes Lions International Festival of Creativity）に変更されました。

　日本では、新聞広告を評価する毎日広告デザイン賞が1931年から開催されており、カンヌライオンズが必ずしも古いというわけではありません。それでも最も権威ある広告賞として、コミュニケーションの時流を映してきたのが、この賞なのです。

　テレビCMが全盛となる1980〜1990年代、カンヌライオンズは世界中のクリエイターたちが制作した華々しいテレビCMやグラフィック広告で大いに盛り上がりました。1993年には、博報堂が日清食品カップヌードルのCM「hungry?」でグランプリを受賞。カンヌの街中で「hungry?」が合言葉となるほどでした。テレビCMは消費者を熱狂させ、流行語を生み、クリエイターたちは広告の寵児として、時代を謳歌しました。

　そのカンヌライオンズにサイバー部門が新設されたのは、1998年のこと。ラジオ広告の部門より早く設置されたのは驚きですが、デ

ジタル時代の到来を予見してのことだったのでしょう。

　Webサイトやバナー広告を評価していたサイバー部門でしたが、すぐにオンライン動画やスマートフォンアプリなど、デジタルコンテンツ全般を評価対象とすることになり、すべての領域がデジタル化した昨今では、もはやサイバー部門不要論まで聞かれるようになっています。2015年には17部門となり、メディアによる分類はもはや困難な状況です。

　それでは、エポックメーキングとなった受賞作を見ながら、デジタル広告の変化の道をたどることにしましょう。

● BMW Films

　ブランデッド・コンテンツの先駆けとしてサイバー部門から生まれたのが、2001〜2002年にかけて制作され、Web上で公開されたBMW Filmsです。

　この作品の一番のポイントは、マドンナ、ミッキー・ロークなどの大物セレブが出演したショートフィルムの制作費と、そのPRに20数億円の予算を投じたことでしょう。出演者だけでなく監督にもこだわり、ガイ・リッチー、ウォン・カーウァイといった有名映画監督7人によって制作されています。このBMW Filmsは、公開した2001年4月から12月までに1400万回以上も視聴され、サイトから「友達に知らせる」メールが300万通も送られたという、当時としてはかなり大きな実績を残しています。その革新性を称え、カンヌライオンズでチタニウム部門が新設され、BMW Filmsはこの部門の初の受賞作品となりました。

　テレビCM制作と放映に投じるはずの予算を、7本のショートフィルムを制作することに使用しています。マスメディアによるメディアのパワーではなく、コンテンツのパワーによって実績を出したクリエイティブの良い事例といえるでしょう。

● UNIQLOCK

2007年6月に夏のドライ商品のプロモーションを目的として公開。「MUSIC × DANCE × CLOCK」という「言語の壁を越えたコミュニケーション」をコンセプトとし、無表情に淡々と踊る女性と時刻が交互に表示される映像が話題となり、同じ映像が表示されるブログパーツやスクリーンセイバーの配信が始まりました。加えてブログパーツを貼り付けたユーザー数やユーザーの所在地が世界地図上で表示されるWebサイト「WORLD. UNIQLOCK」も公開されました。2008年のカンヌライオンズのチタニウム部門とサイバー部門でグランプリを獲得。「クリオ」のインタラクティブ部門とOne Showのインタラクティブ部門でのグランプリを合わせて、世界三大広告賞を制覇しました。2008年10月時点で、UNIQLOCKのサイトは世界214カ国で1億7000万PVを記録。ブログパーツは87カ国、5万2000個以上が稼働していました。

● Nike+Fuelband

2012年にチタニウム＆インテグレーテッド部門、サイバー部門でグランプリを取ったのがアメリカのクリエイティブエージェンシーR/GAが手掛けた「Nike+FuelBand」です。

「Nike+FuelBand」は、腕に装着し、活動量の独自単位であるFuelを使って、一日の全運動のデータを記録することができる装置です。デバイスに内蔵される三軸の加速度センサーが計測したデータと、酸素消費量との相関性をもとに、独自のアルゴリズムによって数値化されます。

Fuelの数値はスマートフォンアプリを通じて、世界中のアスリートや仲間などとも共有できるため、ポイントを競ったり、アプリの様々な機能で運動量を記録したりすることができます。

広告という枠をはるかに超えて、ソーシャルメディアとつながっ

たプロダクトがクリエイティブとして評価されるようになったことに、多くのクリエイターが衝撃を受けたのはいうまでもありません。

表現を失ったWebサイト、UI/UXの時代へ

日本では、2002年度にインターネット上でのコミュニケーションコンテンツを評価する賞として、東京インタラクティブ・アド・アワードが生まれました（現在はACC CMフェスティバルに統合）。

Flashの技術進歩、通信インフラの発達（高速化）に歩みを合わせながら、リッチな表現をまとった多くのWebサイトが生まれ、多くのスターが誕生しました。

バブルと呼ぶにふさわしく、表現と技術の見本市のような状態で、Webプロダクションの多くは当時を黄金期だったと振り返ります。しかし、そういったプロダクトアウト的な発想がもたらした状況は長くは続きませんでした。

そんな中、マイクロサイトやバナー広告において「伝える」をどう演出するかという視点とは別に、ブランドに「関与」させる参加型のコンテンツが登場してくるのです。

● NEC ecotonoha

2003年公開。中村勇吾氏が手掛けた、ユーザーのクリック100回でNECによるオーストラリア・カンガルー島への植樹を1本追加する、ユーザー参加型サイトです。クリックごとに枝が増え、葉の代わりにメッセージを書き込めるFlashコンテンツでした。

2000年代後半辺りから、これらはブランデッド・コンテンツと呼ばれ、広告や販促、PRといった手法にとらわれず、消費者が自ら望むコンテンツを提供することで、ブランドとのエンゲージメントを強めるこ

とを可能にしてきました。

　ブランデッド・コンテンツは、Awareness（認知）を高める広告ではなく、Experience（体験）を提供するコンテンツであり、Webサイトのみならず、オンライン動画やイベント型のプロモーションコンテンツも含めた展開を行っています。

　こういった時流を受け、2012年には、カンヌライオンズに「ブランデッドコンテンツ・アンド・エンターテインメント」部門が新設されました。

　さて、ここであるジレンマが発生します。マスメディアの力を借りて広く伝えるのではなく、コンテンツのパワーで消費者を引きつけることが本当に可能なのでしょうか？

　実は、2007年辺りをピークに、リッチコンテンツとしてのWebサイトは徐々に力を失っていきました。

　いったいなぜでしょうか？　それはスマートフォンの台頭と深く関係しています。

　ネットサーフィンという言葉が流行し、PCでブラウジングすることが主流だった時代には、検索が行動の始まりであり、コンテンツ提供者は企業もしくは発信力のある個人が中心、つまり消費者の基本姿勢は閲覧でした。しかし、2005年、ティム・オライリーによってWeb2.0という概念が提唱される頃から、ブログやSNSなどの能動的な情報発信が徐々に見られるようになりました。すなわち、消費者がコンテンツの受け手から送り手に変わったことを意味します。そして、スマートフォンは写真・動画・テキストの投稿を容易にし、消費者は爆発的にコンテンツを供給し続けることとなりました。

　このようなコンテンツの大洪水の中で、企業Webサイトは消費者の注目を集めなければなりません。そこで、バイラルコンテンツ、すなわちクチコミで広まりやすい構造を考えるようになり、ターゲットの集まるオンラインコミュニティーと連動したキャンペーンや、SNSでシェアされることを狙った動画、ユーザー・ジェネレート・コンテ

ンツなどが生まれました。

● UNIQLO LUCKY LINE

　ユニクロの旗艦店オープンを盛り上げるためのキャンペーンサイト。ソーシャルメディアと連携し、Flashサイト上にバーチャル行列を生み出しました。カンヌライオンズのサイバー部門金賞。キャンペーンプラットフォームとして、東京、台湾、中国など各国でデザイン違いのバージョンが展開されました。

　また、PRと組み合わせてメディア露出効果を狙う、バズマーケティングも増えてきています。

● 世界最高の仕事

　グレートバリアリーフの海にある小さな島、ハミルトン島に滞在し、管理人兼PR大使をするという仕事。オーストラリア政府観光局が、自国の魅力を世界の若い世代に発信していくために始めたものです。美しい珊瑚礁を持つ海にあるリゾートで半年暮らして10万オーストラリアドル（日本円で約1000万円程度）の給料がもらえるという、素晴らしい高待遇ゆえ、日本を含む世界中から応募が殺到して話題になりました。

　情報氾濫の時代において、広告クリエイティブやコンテンツは、もはや容易に見てはもらえなくなっています。人々の気を引く話題や映像はネット上に溢れ返っていて、それらに勝ち、興味を向けさせることができるかどうか、今はそういう戦いになっているのです。我々はまず、その前提を理解しなければなりません。

　そして、調査会社ニールセンの2016年4月の発表によると、スマートフォンからのインターネット利用者数は2015年4〜7月期

の3カ月平均で5080万人となり、5000万人を超える規模に成長しました。また、PCからのインターネット利用者数は同4月で5100万人となっており、2015年末にはスマートフォンの利用者がPCを抜いたと予想されています。

次に、利用時間（2015年9月）を見ると、PCから一日当たり21〜34歳の男性で1時間13分、女性で43分インターネットが利用され、スマートフォンからは一日あたり同じ年代の男性で1時間48分、女性で2時間13分利用されていることがわかっています。

なんと、PC利用の約2倍の時間をスマートフォンに費やしているわけです（男女合計値）。18〜22歳の場合、ＰＣからはたったの13分です。PCは仕事中の使用も含むと仮定すると、もはやプライベートでの主役は完全にスマートフォンだといえるでしょう。また、性年代別のスマートフォンからのインターネット利用時間では、「18〜22歳の女性」が最も利用時間が長く、一日あたり2時間33分も利用しています。

つまり、多くの消費者は、スマートフォンの画面でブラウジングやアプリに触れていることになります。果たして、彼らがリッチなWebサイトを見たいと思うでしょうか？　答えはノーです。デザイン性豊かな凝った装飾で飾られたWebサイトを見たいでしょうか？やはり答えはノーでしょう。

彼らは忙しいのです。若年層の場合、85%をアプリ使用に費やし、ブラウジングはたった15%です。FacebookやLINE、キュレーションメディア[3]で取得した情報を、常に精査・選別し、処理し続け、動画や記事、ゲームが関心を満たすものか否か瞬時に見極めている

※3　キュレーションメディア
　　ある特定のテーマや切り口で読みやすくまとめたWebメディア。人の手によってまとめられるほか、閲覧者の興味や関心に応じて、自動的に収集・編集されるものもある。

男女ともにスマホの利用時間が長いが、男性はPCを長く使う　（図表5-①）

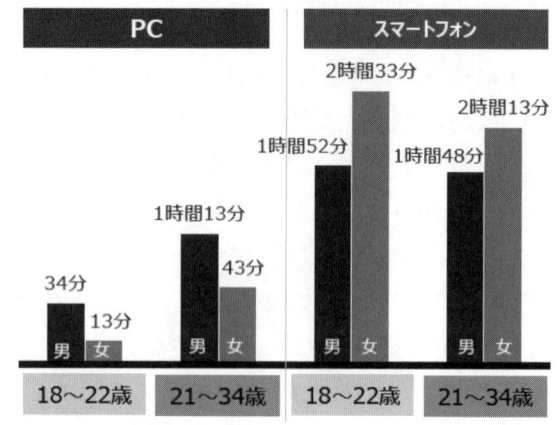

世代別 男女別 各デバイスからの一人一日あたりのインターネット利用時間 2015年9月

Source PC：Nielsen NetView 家庭および職場のPCからの利用、スマートフォン：Nielsen Mobile NetView ブラウザおよびアプリからの利用
※カテゴリーレベルで集計

出典：ニールセン 2015年のまとめレポート『Digital Trends2015』

のですから。そんな中に割り込んで彼らのハートをつかむのは非常に困難であり、だからこそ、2007年あたりをピークにリッチコンテンツとしてのWebサイトは徐々に力を失っていったのです。

　今のWebサイトに必要なものは、忙しい彼らが使いやすく、ストレスを溜めずに使えるコンテンツであり、サービスであろうと思われます。

　読者のみなさんも、アプリをPCにダウンロードして、使い勝手が悪いという理由ですぐに消した経験がおありではないでしょうか？

　それはスマートフォンアプリにおいても同様で、装飾や演出よりも、シンプルで使いやすいUX（ユーザーエクスペリエンス）視点でのUIが求められているのです。

ここで、この20年のデジタル化の動きを整理しましょう。

　まず、1995年にインターネットの普及が始まり、Webサイト（コーポレートサイト）やバナー広告、メールマガジンなどを中心に、電子チラシ、電子DMのようなものを企業が活用し始めました。

　1996年、Yahoo! Japanサービス開始。2000年、Googleが日本でのサービスを開始。

　2003年頃から、プラグインソフト（Flashなど）を活用したリッチなWebサイト（主にキャンペーンサイト）が発展を見せます。ブランドメッセージをエモーショナルに伝えたり、消費者が参加したりすることが可能になりました。また、スクリーンセーバーなどのオリジナルガジェットをはじめ、Webサイト以外のメディア開拓も始まりました。

　2005年に放映されたオダギリジョー主演、TUGBOATの麻生哲朗氏のディレクションによるLIFECARDのテレビCM「カードの切り方が人生だ」は、「続きはWebで」というネット連動型広告の先駆けとなりました。

　2006年頃からブログが普及し、影響力のあるブロガーはインフルエンサーと呼ばれるようになります。ブログに貼って別サイトへの誘導を促すブログパーツが登場。mixiは全盛期を迎えました。ブロガーを招いたイベントやブログパーツを活用したキャンペーンが生まれたのもこの頃です。

　2007年頃からYouTubeを筆頭に、消費者が生成するコンテンツを掲載するメディア＝CGM（コンシューマー・ジェネレイテッド・メディア）が流行します。

　2009年頃からスマートフォンの普及が始まります。また、TwitterやFacebook、Instagramなどの海外SNSが日本で拡大します。

ストーリーテリングとはなにか

　少し話題を変えましょう。

　あなたは今、大福を買おうとしているとします。目の前の陳列ケースには、そっくりな大福が二つ。一つには「国産小豆使用大福」とあり、もう一つには「国産小豆を10年かけて産地に出向いて食べ比べ、国内最高の味を見つけ出した京都老舗和菓子屋10代目主人による大福」とあります。あなたはどちらに引かれるでしょうか?

　今、情報もモノも溢れています。欲しいものはほぼネットで購入できますし、機能や利便性を謳った広告に踊らされる消費者はもはやいないといっていいでしょう。彼らはブランドが語る物語に耳を傾けます。それも真実の物語に。これがストーリーテリングです。消費者はブランドが語るストーリーから、そのブランドが信頼に足り得るかを判断し、購入、すなわち、そのブランドがもたらす未来に投資をしているわけです。

　1980年代、日本は経済成長の極みに達し、ジャパン・アズ・ナンバーワンとまで称されるようになりました。当時、ブランドはステータスであり、高額商品を所有することで自らの承認欲求を満たす場面が多く見受けられました。

　しかし、今は違います。消費者個人の承認欲求はSNSで満たされます。彼らは高級ブランドではなく、自らのライフスタイルを導くブランドが欲しいのです。

● Dove Real Beauty Sketches

　リアルビューティー スケッチは2013年に公開されたバイラルムービーです。その再生数は1億回を超え、日本でも話題になりました。カンヌライオンズで、チタニウム部門のグランプリを受賞し、世界でもっとも有名な動画広告の一つとなっています。

FBIのモンタージュ画家と数人の女性たちが登場し、画家と女性はお互いの姿が見えない状態で、女性自身が話す容姿の特徴をもとに描いた似顔絵と、同じく第三者の話をもとに描いた似顔絵を作成します。出来上がったそれぞれのスケッチから、その違いを比べるという実験動画です。

　結果は、「自分自身が思う顔」よりも「他人の目に映る顔」のほうが美しく、この事実は、動画最後の「You are more beautiful than you think（あなたはあなたが思っている以上に美しい）」のメッセージとともに、多くの人の心を動かしました。

　この件については、のちほど、さらに掘り下げてみたいと思います。

5-3. クリエイティブでなにができるようになったのか?

21世紀を読み解く七つのキーワード

　個人主義とネットワークによる新しいつながりが、世界の産業構造を大きく変えようとしています。

　21世紀に入り、すべての領域において業界は崩壊しました。家電業界を筆頭に、広告業界においても再編がスタートし、プレイヤーが大きく変化しています。数年前まで世界のトップランナーだった企業が倒産の憂き目に遭う事態が頻発しています。2008年の金融崩壊をきっかけに、1950年代に始動した消費社会のあり方について、再考せざるを得ない状況になりました。

　日本は少子化・高齢化や経済成長の鈍化など、今や課題先進国となっています。SNSによって世界中に新しい友人をつくることに労力を費やし、もはや隣人に構う必要もなくなっています。

　そして、消費者のニーズの大きな変化がうねりとなり、グローバリゼーションとともに押し寄せているといえるでしょう。

　ここでは、その変化を七つのキーワードから読み解いていくことにします。

① 性能的価値の低下

　工業生産のグローバリゼーションの中で、20世紀に評価された先進国ブランドはブランドパワーを衰退させました。世界を席巻した高品質低価格のメイド・イン・ジャパンは影を潜め、虎視眈々と座を狙い、デザインや品質を着実に向上させてきたアジアブランドの台頭を許している状況です。今や、圧倒的な機能優位性はどの

製品においても獲得しづらく、ボトムアップされた均一性の品質の中で消費者は購買選択を行っています。

　また、アジアの生産能力の高さと供給力は、衣食住におけるファスト化をもたらしました。チェーン形態によるファストフード店舗が街に溢れ、ハンバーガー・ピザ・牛丼・中華・イタリアン・焼肉・居酒屋など、多くのジャンルが生まれました。

　ユニクロに代表されるファストファッションも急拡大しました。Tシャツやトレーナーなどの定番商品のみならず、機能性素材を生かしたものやファッション性を持ったものが大きく販売を牽引しています。「安い＝ださい」ではなくなっているのです。

　そして、今やファスト化は住宅にまで及んでいます。土地を仕入れ、戸建てを建てて販売するいわゆる建て売りが低価格化し、一般的な二階建て住宅が1000万円以下で建てられる時代になっています。

　今、ファスト製品は新しい次元に足を踏み入れています。「安か

参考：独立行政法人経済産業研究所『RIETI Discussion Paper Series 06 - J-017：コモディティ化による価値獲得の失敗：デジタル家電の事例』P9-10より引用
「コモディティ化を促進する第三の要素は、顧客価値の頭打ちである。デジタル家電は、基本的な機能が充足されれば、それで顧客が満足する場合が多い。例えば、パソコンではマイクロソフト・オフィスやインターネットが使えれば良いし、携帯電話でも電話とメールがきちんとできれば良いとする顧客が多い。いくら擦り合わせにコストをかけて、商品の機能で優位性を実現しても、その価値に対して対価が支払われなければ意味はない。顧客が支払う対価のレベルが下がれば下がるほど、それに対応できる企業が増える。従って、顧客ニーズが頭打ちする場合には、商品ライフサイクルの比較的早い段階からコモディティ化が生じ、価格競争を通じて急速に価格が低下することとなる。」
経済産業省「小型白物家電に関する新事業戦略研究会」報告書P8より引用
「『真に消費者が求めている機能を突き詰めていくと、機能付加では無く、そぎ落とす方向になっていく』との声もあった。」

ろう悪かろう」ではもはや選択されようがなく、消費者はより健全で個性的なものを求め始めています。ファストビジネスのジレンマをどうクリアするかがこれから重要になっていくでしょう。

②情緒的価値の理解

ブランドオーラとも呼ばれる情緒的価値を消費者がくみ取り、自分が所有するにふさわしいかどうかを判断するようになってきています。Apple、Dyson、iRobot、テスラなど、ビジョンを持ったリーダーの下、破壊的イノベーションによって業界を一気にかき回す。こういった姿勢、提示される未来像に消費者は共感し、そのフィロソフィーに陶酔します。

③情報消費速度向上と共有価値の可視化

消費者はスマートフォンを通じ、日々、膨大な情報に触れ、自らに有益かどうか瞬時に選別を行っていることは前述したとおりです。ニュースサイトやキュレーションサービスの増大は、情報の選別を助け、共有を促しています。そして、SNSもまた共有を促しています。これらが承認欲求と結び付き、「私がなにをシェアするか？」の選別思考がパーソナリティーを表現しているわけです。「いいね！」ボタンに象徴されるポジティブアクションを賞賛し、推進する仕組みは、ブランドとの関与態度にも大きく影響します。「あいつ、だせ〜な」とは誰も思われたくはないからです。

④時間消費サイクルの高速化

消費者は、よりオンデマンドでコンビニエントに情報やサービスを欲するようになってきています。つまり、欲しい時に簡単に求めるものを得たいのです。ある種、インスタントな暇潰しを欲しているともいえるでしょう。

オンライン・オンデマンド・ビデオのNetflixやHuluの普及や、パッケージゲームの低迷と入れ替わるように台頭したソーシャルゲームなどは、こういったニーズが生んだサービスです。また、eコマースも拡大を続けており、家電量販店の苦戦に代表されるように、実店舗へ足を運ぶよりもオンラインで評価やクチコミを確認し、オンラインで購入する動きが加速しています。

⑤体験価値の変化

　ライブ、イベント、アート、スポーツ、そしてロボット。今、これらのオフラインでの体験が盛り上がりを見せています。それはなぜでしょうか？

　要因は多々あるでしょうが、一因として、オンラインでの過度な情報摂取への反動が考えられます。オフラインでの肌触りのあるリアル体験と、オンラインでのインスタントな体験の均衡を取っているとも考えられます。

　また、食事写真の投稿のように、承認されたいがゆえのアクションがあるかもしれません。ここに「かまってちゃん」と呼ばれる人種を生む素地があることは否定できないでしょう。

⑥自己投資の増加

　物質的に満たされると、欲求のベクトルが内なる方向に向かうというのは、世界的に見られる傾向です。

　健康食品・美容（アンチエイジング）・エクササイズ・英語学習・ヨガ・瞑想などは、非常に人気があるジャンルです。ロハスブームや資格ブーム、昨今ではマインドフルネスといったトレンドが生まれ、より内面へと消費者の興味が向かっています。

⑦シェアリング・エコノミーの台頭

　eBay・Uber・Airbnb・Kickstarter（IoTへの投資）など、消費者が消費者へサービス提供し、相互扶助によって成立するビジネスが増加しています。ボランティアのような利他的アクションではなく、オンラインサービスが介在し、有償取引を行うことで、ニーズを満たしています。

　これらの変化を理解し、順応したコミュニケーションを取ることが重要です。
　日本語訳が出版されたばかりの『スペキュラティヴ・デザイン 問題解決から、問題提起へ。−未来を思索するためにデザインができること』（ビー・エヌ・エヌ新社、アンソニー・ダン、フィオナ・レイビー著、千葉敏生訳）には、以下のように書かれています。

　「デザインと聞くと、ほとんどの人は問題解決のためのデザインを思い浮かべる。デザイナーたちは、人口過剰、水不足、気候変動といった難題を力を合わせて解決したいという衝動に駆られている。まるでそういう問題を細分化し、定量化して、解決できる、とでもいわんばかりに。しかし、現代の我々が直面する課題の多くは解決不能であり、これらを克服するためには、人々の価値観、信念、考え方、行動を変えるしか手はないことは明らかだろう。しかし、すべてをあきらめるのは早い。デザインには別の可能性がある。デザインを、物事の可能性を"思索"〔speculate〕するための手段として用いるのだ。これがスペキュラティヴ・デザイン〔speculative design〕である。「スペキュラティヴ・デザイン」は、想像力を駆使して、「厄介な問題〔wicked problem〕」に対する新しい見方を切り開く。従来とは違うあり方について話し合ったり討論したりする場を生み出し、人々が自由自在に想像を巡らせられるよう刺激する。スペキュラティ

ヴ・デザインは、人間と現実との関係性を全体的に定義し直すための仲介役となるのだ。」

　ここでいう「デザイン」を「コミュニケーション」に置き換えると、今、広告に必要なことはなにかが見えてくる気がします。
　パーセプション変容を押し付ける広告から、コミュニケーション（対話）を通じて、人々が自由自在に想像を巡らすことができるように刺激することが重要なのです。
　しかし、それは単なる理想社会の提示ではありません。前述の『スペキュラティヴ・デザイン』には、このような記述があります。

　「動画クリエイティブを通じて、未来の方向性を示したり、新しい企業価値をアピールしたりすることはよく行われている。　しかしそのビジョンは、限定されていることが多い。それは通常、完璧なテクノロジーを、完璧に利用する、完璧な人間の住む、完璧な世界を描くものだ。
　批評的思考が刺激を生むといえる。批評というのは必ずしも否定的な意味を持つわけではない。批評とは柔らかい拒絶であり、現状、希望的観測、欲求そして夢想とは違う方向に目を向けることでもある。　物事の可能性を表明すると同時に、既存の正常さの中に潜む欠陥を浮き彫りにするような代案を提示する。」

　こういった思索を発生させることが重要なのです。

マスからソーシャルへ〜影響力を失った広告〜

　これまで語ってきたように、マスメディアの影響力の低下と消費者のニーズの変化により、宣伝広告は過去のようには機能しなくなっ

てきています。有名タレントがいくら機能的価値を語ろうが、理想を甘くささやこうが、信頼する友人のクチコミにはかないません。テレビに流れるゴシップより、知人のリアルな恋愛話のほうが気になる。それが今の消費者なのです。

元々、広告が果たすべき役割は影響力の行使ですから、影響力のない広告には誰も対価を支払いません。目的があり、それを効果的に達成することが、宣伝広告の機能なのです。

では、消費者行動が変化した今の時代に、なにが影響力として働くのでしょうか。企業が影響を与えることのできる作用点とはどのようなものなのでしょう? 実はここに、広告クリエイティブのヒントが隠されているのです。

今の日本は課題が山積みです。企業組織のあり方は変わり、フリーランスやSOHO、ノマドといった働き方が広がっています。結婚のあり方も変化して、離婚率は年々増加し、3人に1人は離婚しています。また、ストレスフル社会といわれ、将来への不安を抱える若者が増えています。

そういった課題に対し、鮮やかな回答を与えること、もしくは解決への気付きを与え、行動を促すこと。その刺激こそがブランドの果たす役割なのです。

なにも社会に良いことをしようといっているわけではありません。本来、社会で受け入れられている製品や企業は、消費者の役に立つ課題解決能力をすでに提供しているわけで、その価値に気付かせる刺激＝消費者のインサイトを掘り起こすこと、が重要なのです。そのスイッチが普遍的なものであれば、それこそが影響力となります。

たとえば、ユニリーバのブランドDoveは「リアルビューティー・キャンペーン」を通じ、「女性にとって美しさが不安要素になるのではなく、美しさと前向きな関係を築くことで、女性の自信の源になるような世界を築く」というDoveの確固たるミッションを表現しています。し

かも、こういったDoveの取り組みは2004年から10年も続いています。一過性ではなく、一貫した文脈で態度を示し、影響力を持った優れたブランディングの好例といえるでしょう。

プロダクトとプロジェクトの視点

これまで、広告は消費されてきました。生産と販売の接点として、広告は消費者とコミュニケーションを行ってきたわけですが、その活動域に限界があることも我々は理解しています。

研究開発で得た技術に基づくプロダクトアウトの商品開発から、マーケットイン、すなわち市場の声をもとに、ニーズに答える商品開発へと変わってきています。しかし、コミュニケーションの視点で商品開発ができれば、より消費者に影響力を行使することができるのではないでしょうか?

SNSでつながりをつくり出すこと、承認欲求を満たすことを機能として内包したプロダクト、ストーリーテリングを前提としたプロダクトなど、コミュニケーションにかかわってきたクリエイターが商品開発に入り、上流から活動するようになりつつあります。

昨今では、経営戦略の一つとしてCSV(Creating Shared Value)という概念が提唱されています。これは、企業活動の負を埋めるための慈善的なCSR(Corporate Social Responsibility:企業の社会的責任)とは異なり、本業に即した形で社会的課題を解決する取り組みを行っていくべきだという示唆の下に、米国の経営学者マイケル・ポーターが提言した考えです。

また、一過性で流れてしまうフロー型の広告ではなく、ストック型、つまり、蓄積していくコミュニケーションが増加しています。蓄積とは、時間の重なりであり、時間軸を持った展開によって達成されるもの。それらがプロジェクトとして、場や人々を巻き込み、一つのムーブメ

ントをつくり上げていくのです。

● 九州新幹線　祝！九州CM

　JR九州が、2011年3月12日の九州新幹線鹿児島ルート全線開通に向けて、企画実施した大規模イベント「祝！九州縦断ウェーブ」をもとに作成されたCMです。

　鹿児島ルートの全線開業に当たり、「（九州の）みなさん全員がずっと待ち望んでいた新幹線だから、その全線開業は九州のみなさんとお祝いしたい」とのコンセプトの下、「全線開業前にカメラを搭載した試運転列車を鹿児島中央駅から博多駅まで走らせ、沿道に集まった人々を撮影して一つのCMにする」という企画が実行されることになりました。

　同時期に起きた東日本大震災の影響で、予定の放映はかなわなかったのですが、オンライン動画として大変な話題になり、各種メディアで大きく取り上げられました。

　こういった広告クリエイティブを超えたクリエイティビティも、これからのコミュニケーションに必要な視座であると思われます。

5-4. クリエイティブが効果を発揮できる範囲・領域について（広さと深さ）

メディアとデジタル・クリエイティブ

今や、広告媒体はマスメディアのみならず、Web、アプリ、トレインチャンネルなどを含む交通広告、デジタルサイネージを含む屋外広告（OOH）など、身の回りのありとあらゆるものに存在しています。

インターネット上を見渡しても、アフィリエイト広告、リスティング広告、アドネットワーク広告、DSP広告、動画広告、ソーシャルメディア広告、ネイティブ広告、記事広告、メール広告、バナー広告（純広告）、RSS広告、リワード広告など、様々な種類があります。

また、コンテンツによるコミュニケーションとして、バイラル動画やオウンドメディア（コーポレートサイト、キャンペーンサイトなど）、マスメディアとソーシャルメディアの連動コンテンツ、アプリ、イベント型プロモーションなどがあり、デジタル・クリエイティブとはそのすべてです。以下に、各メディアの事例を取り上げます。

● ソーシャルメディア：ニュージーランド専用休暇申請書

Facebook（SNS）と連携し、架空の休暇申請書を投稿できるというニュージーランド航空のキャンペーンサイトです。第3回Webグランプリ 企業グランプリ部門プロモーションサイト賞グランプリを受賞。

有給休暇をなかなか取らない日本人のインサイトに対し、ソーシャルメディアでの上司や同僚とのつながりを活用し、キャンペーンとして、休暇申請を行うという解答を提示したものです。

ソーシャルメディア上での人と人のつながり＝ソーシャルグラフをキャンペーンに取り込むことで、その消費者と人、消費者とモノなどの間に介在する関係や感情に、ブランドを関与させることができることを示しました。

● スマートフォンアプリ：UTme!

2014年にユニクロからリリースされた無料のスマートフォンアプリ「UTme!」は、イラストや写真を取り込んだり、文字を入力したりして、エフェクトをかけることで、オリジナルのTシャツのデザインを気軽につくることができます。

エフェクトはいずれも「端末を振る」だけでかけることができ、振った具合に応じて効果のかかり方が変化します。2015年には、マーケットがオープンし、ユーザーが自分で制作したデザインを、他のユーザーに販売できるようになりました。

ブランドが提供するアプリによって、ユーザーのスマートフォンに「常駐」することは、非常に強いエンゲージとなり、プッシュ通知によって、絶えずユーザーにアクセスできるなどのメリットがあります。しかし、当然ながら、ユーザーに選択されるためのハードルは高く、コンテンツとしての魅力や機能的メリットがないとダウンロードされません。

● デジタルサイネージ：渋谷デジタル花火大会

JR渋谷駅ハチ公口交差点前の大型ビジョン「Q'S EYE」に、デジタルの花火を映し出す「渋谷デジタル花火大会」は、東京急行電鉄と渋谷道玄坂商店街振興組合が2013年に開催したものです。

スマートフォンの特設サイトを指でなぞることで、ユーザーはリアルタイムに好きな方向に花火を打ち上げることができます。参加は事前登録制で、予約した時間になると手元の特設サイトにカウントダウンが表示されます。2014年デジタルサイネージアワードゴ

ールド賞受賞。

デジタルサイネージは文字どおり、電子看板であり、広告や情報を掲示するためのものです。しかし、その注視度はクリエイティブの魅力に大きく左右されます。そこで、こういったインタラクティブなクリエイティブや、リアルタイムな情報表示を生かしたクリエイティブ、事件性を持った驚きや感動を伴ったクリエイティブが重要になってくるわけです。

● オンライン動画：忍者女子高生

公開1カ月で再生回数600万回を超えた、サントリー「C.C.Lemon」のバイラルムービーです。熱海を舞台に、女子高生が忍者のようにアクロバティックに学校や街中を追いかけっこし、最後にたどり着いた海岸でC.C.Lemonを飲むというストーリーになっています。携帯動画のような手ぶれ感や動画投稿SNSのVineを中心に盛り上がる女子高生投稿ショートムービーの空気感を取り入れています。

バイラルムービーはバイラルする理由が明快です。これを見て「なぜ、これが話題になったのだろう？」と疑問を持つ人は少ないでしょう。なぜなら、普遍性・一般性・時代性を持つ作用点があるゆえに話題になっているからです。

逆にいえば、「多くの視聴者が興味を持ち、喜怒哀楽を感じるものとはなにか」を真摯に考えていく作業抜きに、その答えを見つけることはできません。

視聴者の心が動く要素としては、次のものなどが考えられます。
　・時代性を反映したメタファー
　・熱量、物量を伴うチャレンジ
　・共感性の高いファクトの発見
　・事件性のある驚き
これらを達成しているかどうか、それがバイラルするか否かの評

価基準となります。ブランドに寄与するかどうかの評価基準ではないことに注意してください。

テクノロジーとクリエイティブ

　2014年頃から、IoTブームとともに様々な技術が生まれ、クリエイティブ表現の可能性を広げています。大きくは、視覚表現技法としてのテクノロジーの進化と、体験拡張のテクノロジーの進化でしょう。
　前者は、プロジェクションマッピングやLEDドットパネル、ヘッドマウントディスプレイ、ドローンやGoProといった小型カメラや360度パノラマカメラを使った撮影などがあり、後者は動体検知センサーや触覚デバイス、スマートフォンのBeaconやロボットなど、数多くのテクノロジーがあります。これらを組み合わせ、新しいクリエイティブ表現が生まれてきています。

● ドローン：クロックス空中ストア
　2015年にブランド日本上陸10周年を迎えたクロックス・ジャパンが実施した、無人飛行機「ドローン」を使った世界初の空中ストア「Flying norlin project」。会場内に設置された約80足が置かれるシューズディスプレイ台は高さ5m、幅10m、奥行6m。シューズカラーを会場内に用意されたiPadを使って選択すると、ドローンが自動制御でシューズを取りに行き、購入者の元へと届けます。

● VR（Virtual Reality）：PEPSI STRONG BAR
　サントリーPEPSIの新商品「ペプシストロング ゼロ」の強炭酸・強カフェインによるペプシ最強の刺激という商品特徴を伝えるために実施された体験型サンプリングイベント「PEPSI STRONG BAR」。ヘッド・マウント・ディスプレイのオキュラスリフトを使っ

た強刺激アトラクション「PEPSI STRONG BALL」を開発し、ペプシのテレビCM「桃太郎」の世界観を360°再現した体感型ゲーム「ONI-GOKKO」を2台設置しました。原宿のイベントでは最長2時間の行列ができ、各種メディアをにぎわしました。

データとクリエイティブ

クリエイティブを彩る要素として、データを用いる機会が増えています。ファクトが心を動かすということは前述したとおりですが、事実の表現においてデータは強い武器となります。また、データを可視化することで発見できるファクトもあります。

● データビジュアライズ：ブリティッシュ・エアウェイズ（British Airways）MAGIC OF FLYING

ロンドン市内の広場「ピカデリー・サーカス」に設置された、看板上空に航空機が差し掛かるタイミングや飛行速度に合わせて、表示内容を変化させるというデジタルサイネージです。

看板から200キロメートル四方にブリティッシュ・エアウェイズの航空機が入ると、位置情報信号を受信して、フライトナンバーや発着地などの運航情報を取得して標示します。飛行機を追いかけるように小さな男の子が登場して、飛行機を指さす映像が表示されました。飛行中の飛行機を見ると、どこに飛んでいくのだろうと誰もが空想を膨らませます。そんな原体験を見事に表現したクリエイティブとなっていました。サイネージには特設サイトへの誘導があり、チケット購入へとつなげます。

担当者はなにを考え、なにに注意を払い、なにを判断しなければならないか?

2014年までのキーワードだった「Social Good」。しかし、2015年にはさらに踏み込んだ概念が提唱されました。それが「Social Change」です。

単に「社会に良いこと」の表現にとどまらず、「社会を良くするために実際に人の行動を変える」ところまで踏み込んでいるかどうかが、2015年のカンヌライオンズの評価を分けました。前年までは、鮮やかな表現で、社会問題に気付かせたというだけでも評価されましたが、世論や行動、市場などを具体的に変えたかどうか、「結果」を伴ったものかどうかが厳しく精査されたのです。さらに、NPOなどの社会活動団体ではなく、ブランドがそれをなし得たかも問われるようになりました。

なぜ、「モノを売るための広告」にこのような変化が訪れたのでしょう。なぜ、「売ること」に集中してはいけないのでしょうか?

答えは明白です。売ろうとしても、モノは売れないからです。

あなたが誰か意中の人に告白をするとしましょう。大声で叫び、四六時中追いかけ回し、良いことばかりアピールして、果たして思いは成就できるでしょうか。まだ、道化になって、楽しい人だと思わせるほうが相手に響くかもしれません。また。良い人と思われたいと、いきなりボランティアを始めたとして、果たして信頼されるでしょうか。

なにを考え、どう振る舞うか。消費者は人に対するのと同じような視線でブランドを見始めています。実のところ、実社会において貧富の差があまりないように、もはや圧倒的な機能の優劣差というものが商品においても存在しなくなってきているのです。

そこで消費者は、そのブランドの語る物語に耳を傾けることにな

ります。前述したように、デジタルは購買行動を大きく変えました。専門家の格付けも評論も、もはや必要ありません。必要なのは、消費者「たち」の生の声であり、信頼する知人のお勧めなのです。

デジタル時代の最大の革命は、加工されていない事実情報＝ファクトをメディアに溢れさせたことにあります。雑誌に載るグルメ情報より、Facebookで友人がアップしたチャーシューたっぷりのラーメンのほうが、よほど気になります。広告で楽しげなアニメーションを見せるより、猫が鍋に入って寝る動画のほうがよほど再生数を伸ばす。それが、「今」という時代なのです。

だからこそ、あなたが素直に心を動かし、信頼に足ると判断するクリエイティブを産み出していきましょう！

5-5. 第5章のまとめ

それは、ブランド名を廃しても機能するか？

「ユニーク・セリング・プロポジション（USP）」という言葉をご存じでしょうか。競合他社にはない自社独自の売り（強み）のことです。広告業界では一時期、この言葉がもてはやされ、差別化戦略として広告に取り入れられました。

たとえば、Dysonの商品のように、圧倒的な個性をまとい、業界団体に縛られない場合、突き抜けた物言いや姿勢は共感の対象となり得ます。しかし、中途半端な自慢話に誰が耳を傾けるでしょうか。むしろ、機能している広告クリエイティブはその逆をやっていることに注目してください。

誤解のないように断りを入れると、これは決して商品に落ちてい

ないということではありません。いくら共感が得られるからといって、猫動画に商品を入れればよいということではないのです。

　ただ、競合ブランドが商品の強みを語ったとしても、同様の商品ならば同じように機能することが多いため、一貫したブランドの姿勢に合致するか、またはそのブランドの立場を表すものか、基本的にはそのどちらかを達成していることが重要なのです。その点において、商品のユニークさは必要ないということになります。

　では、クリエイティブを思考する際に、なにを見つけるべきでしょうか？

　前述したブランドの姿勢や立場が明確に定義されていないなら、まずそれを明らかにします。先ほどの話に戻れば、告白する相手に自分がどう思われているかということです。それと同じように、あなたが担当するブランドはどうだろうと考え、実態をしっかり把握し、その事実を素直にクリエイティブに生かすことが一番です。

　業界二番手には二番手の言葉があります。背伸びして一番手より良いことを言う必要はありません。そして、できる限り「事実をクリエイティブに生かす」ことです。

　そう、データ、発見、実験、普遍的価値、共有体験、社会問題など、「共感の種」は周りを見渡せば必ずあるはずです。それを見つける努力をしてください。

それは、誰のなにを変えるのか？

　さて、クリエイティブの種は見つかりましたか？　商品に落ちるストーリーは描けたでしょうか。

　では、最後の質問をしましょう。あなたは「誰のなにを変えるのか？」。その答えの輪郭が見えるならば、その広告クリエイティブは機能す

るはずです。

心を動かすクリエイティブとはなにか？

　ここまで、広告クリエイティブの歴史と変遷をたどりながら、メディアから解放され、様々な形へと進化を遂げた広告クリエイティブの今を見てきました。

　結局のところ、クリエイティブに接触し、それとコミュニケーションするのは「人」なのです。人の心の琴線に触れ、作用するには、感情の理解が必要となります。すなわち、「洞察」こそが、その答えの近道なのです。

　「それって面白いの？」

　ぜひ、自らに、そしてクリエイティブに、問うてほしいと思います。

＜了＞

第 **6** 章

テクノロジーと
マーケティング

執筆：電通

データ・テクノロジー・センター

マーケティング・ディレクター

中川　健

6-1. テクノロジーによる マーケティングの変化とはなにか

　テクノロジーの進化、とりわけデジタル・テクノロジーの進化は、マーケティングの領域に大きな影響を与えました。伝統的なマーケティングの手法では不可能だったことが、新しいテクノロジーを活用することで、可能になってきました。テクノロジーの進化は、マーケティングだけでなく、社会全体の環境変化に対して大きな影響を与えていますが、その変化の中で、企業活動のありかたも大きく変わり、それに伴い、マーケティング戦略の策定の仕方、個別のマーケティング施策の実施の方法についても、大きな変化が現れるようになりました。

　もちろん、従来のマーケティングに関する理論や手法が全く役に立たなくなったというわけではありません。たとえば、「マーケティングの4P（Product、Price、Place、Promotion）」と呼ばれるフレームワークは、現代においてマーケティング戦略を立案する際にも大いに役立つものです。

　従来と違うのは、戦略策定の際の精度が向上し、スピードが速くなり、コストが下がるといった、基本的なビジネスの仕組みの改善から、今までに不可能だったような消費者へのアプローチの仕方が可能になるといったことまで、テクノロジーを活用することで、より効果的で効率的な施策を行うことができるようになったという点が挙げられます。さらに、それに加えて従来の技術では実現不可能だった施策が可能になったということも大きな変化です。

　本章では、上記のような視点から、テクノロジーの進化によって、マーケティングはどう変わったのか？ ということについて、紹介していきたいと思います。

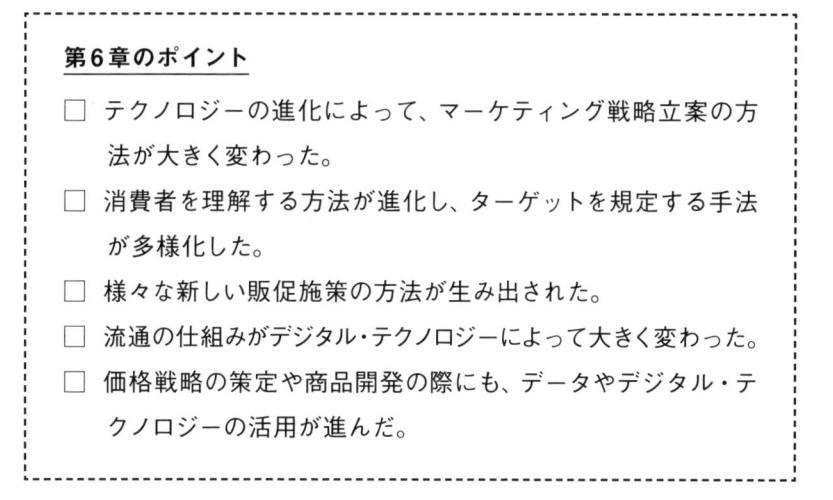

第6章のポイント

□ テクノロジーの進化によって、マーケティング戦略立案の方
法が大きく変わった。

□ 消費者を理解する方法が進化し、ターゲットを規定する手法
が多様化した。

□ 様々な新しい販促施策の方法が生み出された。

□ 流通の仕組みがデジタル・テクノロジーによって大きく変わった。

□ 価格戦略の策定や商品開発の際にも、データやデジタル・テ
クノロジーの活用が進んだ。

6-2. マーケティング・テクノロジーの全体像

マーケティングの起点は、いつの時代も消費者であることに変わ
りはありません。消費者を理解し、消費者に受け入れられる商品を
開発し、消費者に買ってもらうための仕組みづくりをすることがマ
ーケティングの本質です。この「消費者を理解する」という点にお
いて、様々なテクノロジーが活用されています。

また、消費者を理解したうえで、その消費者の中から適切な顧客
を選定するためのターゲティングや、ターゲット・セグメントを規定
するための方法などについても、様々なテクノロジーが活用されて
います。この点については、消費者を理解するためのテクノロジー
として後述します。

　次に、「マーケティングの4P」のそれぞれについて、テクノロジーがどのように応用され、どんな変化をもたらしたのか、という点を見ていきます。

　Promotion（販売促進戦略）の領域においては、当然のことながら広告に与えた影響は多大です。テクノロジーによるメディアの変化と、それに伴って変わった広告の手法や広告コミュニケーション戦略について概観します。また、販売促進の手法は、広告だけではなく、店頭でのコミュニケーションや、販促キャンペーンのように、様々なものがありますが、この領域においても、テクノロジーが活用されています。

　また、Place（流通戦略）も、テクノロジーを活用することで大きく変わりました。テクノロジーを活用することで、新しいタイプの店舗が登場したり、オンラインとオフラインを統合した流通の形態が現れてきたりもしています。特に、適切なタイミングに適切な商品を消費者に届けるという流通の基本的な機能については、テクノロジーの果たす役割は多大です。

　さらに、Price（価格戦略）においても、テクノロジーは大いに活用されています。優れた商品であっても、値付けを誤ったことによって、マーケティング戦略全体が失敗してしまうことがあります。価格戦略の策定にあたっては、データの活用が大きな役割を果たします。特にeコマースの領域では、データを活用した価格戦略の策定が重要になってきています。

　以下、それぞれのポイントについて、詳しく見ていきます。(**図表6−①**)

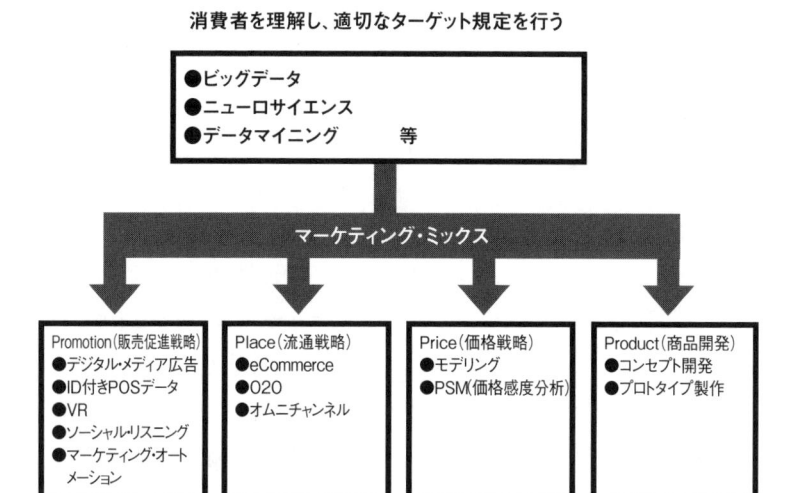

消費者を理解し、適切なターゲット規定を行う

```
●ビッグデータ
●ニューロサイエンス
●データマイニング　　　等
```

マーケティング・ミックス

Promotion(販売促進戦略)	Place(流通戦略)	Price(価格戦略)	Product(商品開発)
●デジタル・メディア広告 ●ID付きPOSデータ ●VR ●ソーシャル・リスニング ●マーケティング・オート 　メーション	●eCommerce ●O2O ●オムニチャンネル	●モデリング ●PSM(価格感度分析)	●コンセプト開発 ●プロトタイプ製作

出典：著者作成

6-3. 消費者を理解するためのテクノロジー

　それでは、まずは消費者を理解するというステップで、テクノロジーがどのように活用されているかを見ていきましょう。

　前項でも述べたように、マーケティングの起点は消費者にあります。消費者を理解せずして、マーケティングの成功はあり得ません。そして、消費者を理解することは簡単なことではありません。過去にも、多くの企業が消費者の動向を見誤り、適切なマーケティング戦略を構築できなかった結果、市場で生き残ることができなかった商品が数多く存在しました。

　最新のテクノロジーが活用できるようになった現代でも、消費者

の動向を正確に把握することは難しいままです。ただ、テクノロジーの活用が進んでいなかった時代にはできなかったことが、今ではできるようになったということも数多くあります。

テクノロジーで変わるマーケティング・リサーチ

　古典的なマーケティング・リサーチの教科書では、「調査をする前に仮説を持ちなさい」と教えられてきました。最初に仮説があって、その仮説の正しさをマーケティング・リサーチで検証する、ということがマーケティング・リサーチの目的とされてきました。

　もちろん、現代でもこのようなステップで調査設計を進めることの重要性は変わりません。仮説が曖昧なままで調査設計を進めた結果、なにを調べようとしていたのかわからなくなってしまう、という事態を避けるように調査設計を進めるのは、リサーチの基本中の基本だといえます。

　しかし、昨今のマーケティング・テクノロジーの進化によって、必ずしも「仮説ありき」で調査設計をしないことに意義があるケースが出てきました。むしろ、最初に仮説を持つことによってマーケティング戦略立案者によるバイアスがかかってしまう、ということを避けられるようになってきたのです。(図表6-②)

仮説発見のためのテクノロジー

　伝統的に、「仮説」を発見するのは、想像力豊かなマーケティング担当者やプランナー、調査設計者などの仕事でした。消費者の動向を分析し、過去のマーケティング戦略の結果を踏まえた豊富な経験を活用して、深い「消費者インサイト」に基づいて、仮説を打ち立てるのです。

テクノロジーによって変化するマーケティング・リサーチの仮説検証手順 　（図表6−②）

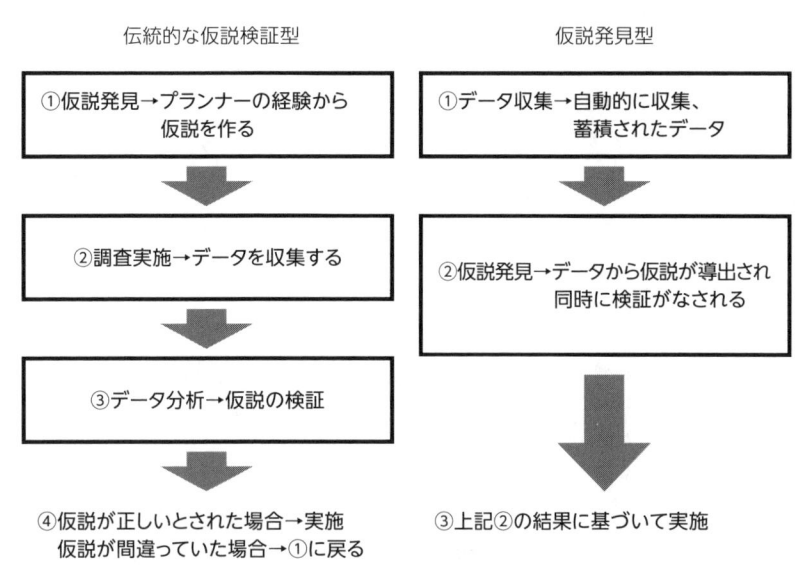

伝統的な仮説検証型

① 仮説発見→プランナーの経験から
　仮説を作る

↓

② 調査実施→データを収集する

↓

③ データ分析→仮説の検証

↓

④ 仮説が正しいとされた場合→実施
　仮説が間違っていた場合→①に戻る

仮説発見型

① データ収集→自動的に収集、
　蓄積されたデータ

↓

② 仮説発見→データから仮説が導出され
　同時に検証がなされる

↓

③ 上記②の結果に基づいて実施

出典：著者作成

　しかし、このような「仮説」は、いかに優秀で経験豊富な担当者から出てきたものだとしても、仮説を出した人の個人的な経験に基づいた主観によるバイアスがかかることを避けることができません。そのため、思いもよらない消費者の嗜好性や、購買行動を発見できない場合があります。

　膨大なデータを活用して、このような意外な消費者の購買行動を発見した例として、今では古い事例に属しますが、「スーパーで、消費者はビールと紙おむつを同時に買う」といった購買行動が発見されたというものがあります。

　これは、アメリカの大手スーパーマーケット・チェーンで、販売データを分析した結果から得られたものです。具体的には、このスー

パーマーケットの顧客において、小さい子供のいる家庭では、母親が父親に紙おむつのような大きな物を買ってくるように頼み、また、子供がいる世代の男性はビールを好む人が多く、父親が紙おむつとビールを同時に購入するという購買行動が発見されたというものです。

　この発見をもとに、そのスーパーでは、紙おむつとビールの陳列棚を近くにしたところ、売り上げが上昇したという事例です。この事例はつくり話だという説もありますが、シンプルな例なので、イメージを持ちやすいと思います。

　この事例のような、「紙おむつを買う人はビールを買うだろう」という仮説は、それまでの伝統的な仮説発見の方法では見つけることの難しいものでした。紙おむつとビールといった、カテゴリーの異なる商品が同時に購買されるという仮説は、経験豊富なマーケティング担当者であっても、むしろその経験が逆に邪魔になって、この事例のような意外性のある仮説を発見することを困難にしていたことでしょう。

　このような、膨大なデータを分析して新しい発見を行う手法はデータマイニングと呼ばれました。マイニング（mining）とは「採掘」という意味ですが、山の中から金鉱を掘り当てるといったようなイメージで、多くの企業のマーケティング担当者が、「金鉱」を求めて巨大なデータの山の掘削を始めるきっかけとなりました。

　関連例を探し出す分析手法として、アソシエーション分析があります。共起（同時に起きること）頻度を分析し、同時購買される商品を探し出すことを可能にします。大規模なデータの中から、思いがけない関係性を探し出すことは、まさに山の中から金を発掘する作業に似ています。

　また、金鉱が埋まっている「山」は数値データとは限りません。消費者自身の言葉がデータ化されているものとして、SNSに書き込ま

れたテキスト情報があります。日々の行動や、友人とのネットワーク、購買行動やメディア接触行動など、膨大なテキストデータが継続的に生成されています。消費者自身の生の声が反映されているのですから、そこには消費者の行動に関する発見がある可能性が高いと考えられます。

　このような膨大な言語データから発見を得る方法は、テキストマイニングと呼ばれます。前述のデータマイニングのテキスト版です。また、SNSでは、写真などの画像データや動画データも大量にアップロードされていますが、このようなデータを扱う、イメージマイニングという技術も消費者行動についての知見を得るために活用されています。

　調査データや後述する行動データなどは、一定のルールに基づいて整理されたデータベースとして利用できますが、画像データなどは、既存のデータベース用のアプリケーションでは扱いにくいものも多く、こうした「非構造化データ」を扱うためのツールの開発に、多くの企業が取り組むようになりました。

　ソーシャルメディアから消費者の嗜好性を探ったり、社会の動向を分析しようとしたりする方法はソーシャルリスニングと呼ばれ、広告コミュニケーションの戦略立案でも活用されています。広告への応用については、後述のマーケティングの4Pのうち、Promotionのところで述べることとします。

　データから仮説を発見するという方法は、ビッグデータという言葉が広く使われるような時代になって、より本格化してきました。現代では、多くの企業が膨大なデータを保有するようになり、仮説発見に活用しています。

分析に関するテクノロジー

　膨大なデータ収集が可能になることで、データを分析するステップにも変化がもたらされるようになりました。伝統的な消費者調査では、ターゲットとする消費者層を対象とした消費者調査を実施する際に、消費者全体を「母集団」として、そこから抽出されたターゲット層に対してアンケート形式の調査を実施するという、「サンプリング」のステップが必要でした。たとえば、テレビの視聴率データは、典型的なサンプリングデータです。地上波のテレビの視聴率は、全国のすべてのテレビ視聴者を対象にしてデータを取得することは物理的に不可能なので、視聴者全体を縮小するように調査対象者をサンプリングして、その対象者に対して調査を行っています。

　現代でも多くの消費者調査は、このようなサンプリングされた調査対象者に対して行われています。「自社のシャンプーを最近1年以内に購入した20代女性」に対して調査をしたい、と思っても、その数が数十万人になる場合、物理的には不可能なので、サンプリング調査を実施するのが現実的な方法です。

　サンプリング調査の場合、必ず「サンプリング誤差」が生じます。対象者全員に調査をしているわけではないので、サンプリング調査の対象者から得られた数字と、実際の「母集団」の数字にはズレが生じます。

　これが、オンラインメディアやeコマースのデータの場合、少なくともそのメディアやECサイトを訪れた人全員のデータが把握できるので、サンプリング誤差を考慮する必要が無くなりました。ビッグデータの大きな特徴の一つが、ここにあります。

　一方で、巨大なデータを、どう切り分けたらよいのか、また、その巨大顧客データの中から、似たような特性を持った人をどう整理し

ていったらよいのか、というときに活用できる分析手法としては、クラスター分析という手法が用いられています。クラスター分析は、従来の消費者調査のデータについても用いられてきましたが、巨大なデータが入手できるようになったことで、そのデータをどう分類するかが重要になり、あらためてよく使われるようになりました。

　クラスター分析の中でも代表的な階層型クラスター分析では、デンドログラムという階層図が使われます。このような形で購入商品別に分類したり、消費者の行動パターン別に分類したりすることができます。

デンドログラムの例　　　　　　　　　　　　　　　　（図表6－③）

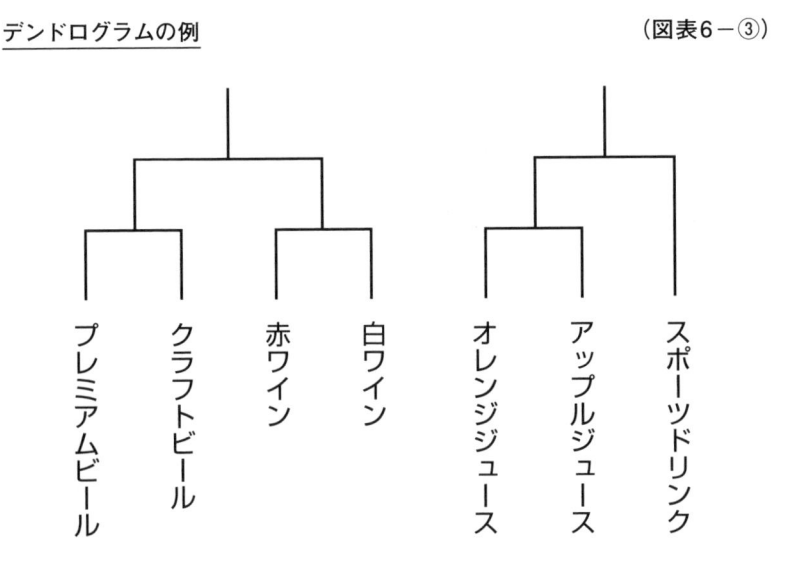

出典：著者作成

　商品の購買パターン別や、消費者の行動タイプ別に分類することで、たとえば、特定の消費者層に対してのみメール・マーケティングを実施したり、クーポンを提供したりすることで、施策の効果を高めることができます。

　この階層型クラスター分析は、データが大きすぎると計算に時間がかかってしまうため、その場合は非階層型クラスター分析という手法が用いられます。非階層クラスター分析では、調査の回答が類似した対象者同士を同じグループに分類するアルゴリズムを用います。階層型クラスター分析と同様、分類することができますが、事前にクラスターの数を決めなければならないため、最適なクラスター数を自動計算することはできません。

消費者の本音を得るテクノロジー

　伝統的なマーケティング・リサーチでは、消費者に対して質問を投げかけ、その答えをデータにする、という手法が一般的です。これは、定量的な調査でもそうですし、フォーカス・グループ・インタビューのような定性的な調査でも同じです。しかし、このような調査手法について、古くから多くのマーケティング担当者が抱いてきた疑問として、「消費者は本音で答えているのか？」という問題があります。調査を実施している段階では、当然、本音で意見をいっていることが前提とされます。

　しかし、調査対象者は人間である以上、回答したときの気分であったり、インタビュアーの質問の仕方であったり、そのほか偶然の事情に左右されて、必ずしも本音ではない回答をすることがあると思われます。懐疑的なマーケティング担当者は、このような疑問を解消したいと考えていました。

　このようなマーケティング担当者たちに歓迎されたテクノロジーが、生体反応を測定する技術です。古くから、「ウソ発見器（ポリグラフ検査）」と呼ばれる機械が存在していましたが、これも被験者の嘘を暴き、本音を知るための道具として開発されたもので、生体反応を用いて嘘を暴こうとするものでした。

マーケティング担当者としては、単に嘘を暴くことは目的ではなく、消費者の本音を知ることが目的となります。そのための技術として、マーケティングの世界で、近年、話題になったものに、脳波測定技術があります。

　従来、医療用にも活用されてきた脳波測定装置は、頭部に多数の電極を装着して脳波を測定するといったような大掛かりなものでした。ただ、これでは、マーケティングに応用するには、多くの消費者のデータを集めるのにかかるコストや時間が現実的ではなく、あまりマーケティングの領域では活用されていませんでした。

　それが、2000年前後の頃から、マーケティング・リサーチでの使用を目的とした簡易な測定装置が開発されるようになり、独自の測定装置を開発したベンチャー企業や、脳科学者を採用した調査会社などが多数参入し、ブームといえるような状況が起こりました。この時に、「ニューロマーケティング」という言葉が生まれ、懐疑的なマーケティング担当者を惹きつけました。

　この時に、脳波を使って測定が試みられた例としては、テレビCMの効果測定があります。テレビCMを見ているときの脳波を測定して、そのCMに対する好意度や、CMの中のどのような要素に反応したのかを調べようとするものが多く見られました。

　しかし、脳波は、感情の変化だけでなく、ほかの要因によっても大きく変化します。たとえば、瞬きをしただけでも大きな反応が出ます。また、調査会場の光の具合や、周囲の音などによっても大きく変化します。こういった「ノイズ」の影響を除去する手法なども様々な方法が試みられましたが、なかなかマーケティングの現場で活用するには至らなかったケースも多く、一時のブームに比べると、現在では、ごく限られた調査会社が脳波測定調査を提供しているような状況になっています。ただ、ブームは去ったものの、より測定精度が高く、

安価に調査を実施できるようにするための努力は続けられており、これからの課題であるといえるでしょう。

　生体反応を応用しようとする例は、脳波だけでなく、次のような様々なものがあります。(**図表6-④**)

様々な生体反応測定の方法　　　　　　　　　　　　(図表6-④)

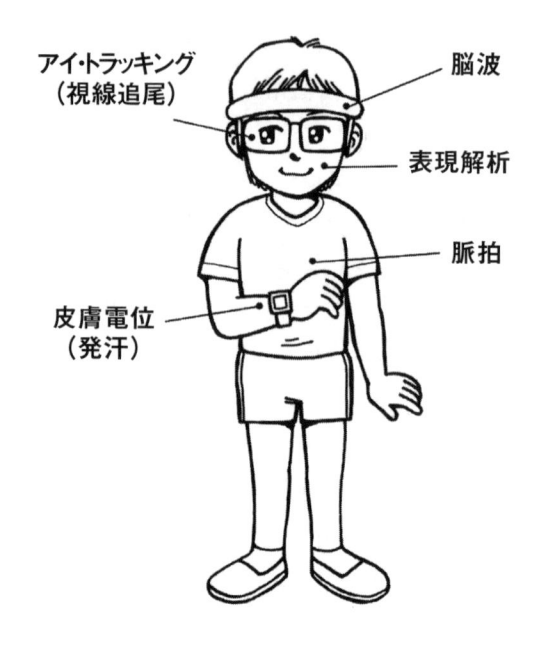

出典：『The feasibility study of applied neuroscience for advertising and marketing research』 Takeshi Nakagawa より著者作成

皮膚電位：汗をかいたかどうかを調べ、感情の変化を測定しようとするもの。脳波に比べると、データの変動は安定しているが、必ずしも感情の変化に対応しない。

脈拍：心拍数の変化から感情の変化を読み取ろうとするものだが、一般的には、生理的な反応による変化のほうが大きい。

これ以外にも、呼吸数、体温、また、生体反応とは異なりますが、回答形式の消費者調査とは異なった方法で消費者の本音を測定しようとする手法として、次のようなものがあります。

表情解析：顔の表情を分析して、感情の分析をしようとするもの。すでに多くのデジタルカメラなどで応用されている笑顔を識別する機能などは、かなりの精度が実現されているが、表情の変化には個人差が大きく、感情を確実に読み取るためというよりは、参考値として活用されることが多い。

アイ・トラッキング：目の動きを追跡する技術。活用の方法としては、テレビCMなどを見ているときに、画面のどこを見ているかを分析することで、広告のメッセージが注目されているかどうかを判断しようとするものがある。たとえば、価格訴求をしたいときに、値段の表現のところに視線が行っているかどうかを確認することが可能。また、Webサイトのユーザビリティテストなどにも活用されている。Webの画面のどこに注目しているのか、操作中にとまどっているのは、どの部分なのか、といったような点を分析することが可能。このようなユーザビリティテストでは、すでに実用化されているケースも多い。

テクノロジーで変わるターゲティング

　マーケティング戦略の大きな要素の一つにターゲティングがあります。的確なターゲット層を見極めて、そのターゲットに求められる商品を提供することが、効率的な施策に繋がります。せっかく大きな資金を投じて商品開発を行っても、それが狙ったターゲットにまったく知られていなかったり、そもそもターゲットだと思っていた消費者からするとまったくニーズの無い商品だったりすれば、当然ながら、そのマーケティング戦略は失敗に終わるでしょう。

　古典的なマーケティングでは、ターゲットを規定する際、人口動

態を表すのに用いるデモグラフィック属性が使われてきました。た
とえば、性別、年齢、職業、居住地といったような要素です。今でも、
デモグラフィック属性で規定されたターゲット戦略は、様々な場面
で活用されていますし、有効に機能する場面も多いでしょう。

しかし、現代の市場は成熟市場です。市場の成長率は低く、限ら
れた成長の余地を争って、多くの商品が競い合っています。コンビ
ニエンスストアには、毎週のように新商品が陳列され、なかには類
似したような商品同士が競い合うことも頻繁に起こっています。厳
しい競争にさらされ、競争に勝ち残れるのは、ほんの一握りの商品
だけです。

このような環境においては、従来に比べて、より精緻で的確にター
ゲットを捉えることができる手法が求められています。企業には、
無駄なマーケティング投資をする余裕はありません。適切なターゲッ
トを見極め、そのターゲットにピンポイントに「刺さる」マーケティ
ングが必要になっています。

その時に、従来のようなデモグラフィック属性によるターゲティ
ングだけでは、あまりにもターゲットを捉える「網目」が粗すぎて、
効率的にターゲットを捉えられなくなってきました。たとえば、「男
性30代会社員」といったターゲットの定義をしたとしても、その中
にはビールが好きな人もいればワインが好きな人もいる、週末にス
ポーツをするのが好きな人もいれば、音楽フェスに行くほうが好き
な人もいる、新商品の情報を主にテレビCMから知る人もいれば、
動画サイトの動画広告から知る人もいる、といったように、デモグラ
フィックな属性だけでは語れない要素がたくさんあります。個人の
嗜好性や行動パターンが多様化し、適切にターゲットを捉えることは、
ますます難しくなりつつあります。

以上のような環境下において、ターゲットの規定の仕方は大きく変わりつつあります。単にデモグラフィック属性を使ったターゲット規定に留まるのではなく、詳細な個人の趣味・嗜好や、行動パターンを把握したうえで、適切なターゲットにアプローチしていくことが重要です。

　たとえば、過去の商品の購買履歴から、その消費者の嗜好性を把握しようとすることが挙げられます。具体的なデータとしては、ID付き POS データと呼ばれるものがあります。すでに多くの人が使用していますが、スーパーやコンビニエンスストア、書店、飲食店、宿泊施設、レジャー施設、航空会社などが発行するポイントカードから得られるデータが、それにあたります。

　購買データは、従来の POS データで把握できますが、購入時点で購入者がポイントカードを提示することで、その個人 ID と紐づいた購入履歴データが把握できます。基本的なデモグラフィック属性に関する情報は、ポイントカードのデータベース側に保存されているので、どのような属性の人たちがどんな商品を買っているのかが把握できます。

　また、オンラインのメディアは、ある人が過去にどのようなオンライン広告に接触したか、また、その広告を経由して特定のサイトを訪問したか、といったことを把握することができるため、その人が興味を持つと思われる広告を、その特定の人に向けて送ることができますが、このような、過去の行動履歴に基づいてターゲティングを行う手法を、行動ターゲティングと呼びます。単なるデモグラフィック属性で規定されたターゲットと比べ、より、そのターゲットに限定された、ピンポイントのニーズに応えることができる可能性を高めることができます。

　さらに、スマートフォンが普及した現代では、スマートフォンのアプリでクーポンを入手し、それを店頭で提示して様々なサービスを

受けることができますが、スマートフォンにはGPS機能が搭載されているため、「ある時間帯に、ある場所にいる人」を特定し、そのような特定の時間や場所を属性としたターゲティングをすることも可能になります。

このような属性は、時々刻々と変化していきますが、スマートフォンをはじめ、腕時計や眼鏡などのウェアラブル（Wearable）デバイスの普及が拡大している今日では、最新の消費者の情報を常にアップデートして情報を把握することもできるようになっています。このようなデータをリアルタイムデータと呼びますが、今後、リアルタイムデータをマーケティングに活用し、常に最新の情報を活用して、そのタイミングにおいてベストなマーケティング施策を実施していこうとする企業は、さらに増えていくことでしょう。

6-4. テクノロジーで変わるプロモーション（Promotion）

ここでは、マーケティングの4PのうちのPromotion、すなわち販売促進の領域におけるテクノロジーの影響について見ていきたいと思います。広義の「販売促進」には、広告活動や店頭でのPOP（Point of Purchase）、グッズを活用した施策、オンラインメディアを活用した施策など、幅広い領域が含まれます。これらのすべての領域において、テクノロジーの進化は大きな影響を及ぼしています。

広告コミュニケーション

① メディア環境の変化

広告は、Promotionの一つの手段ですが、当然、多くの領域でデ

ジタル・テクノロジーの影響を受けています。タブレットやスマートフォンの普及により、メディアの環境も大きく変化しました。すでにターゲティングのところで述べたような行動ターゲティングに基づいて、特定の行動パターンを持つ人に対して広告を配信するリターゲティング広告は、その典型的な手法の一つです。

　リターゲティング広告は、オンラインメディアの広告手法として活用されてきましたが、近年はスマートテレビが普及し、インターネットに接続されているテレビも増えてきました。テレビのようなマス・メディアは、特定のターゲットに向けた広告を配信することができない時代が長く続きましたが、スマートテレビの場合、オンラインメディアと同様に、特定のターゲットに向けたアドレッサブル広告と呼ばれる広告も可能になってきました。

　また、以前はデジタル化が難しかった屋外広告の領域でも、オンライン接続されたディスプレイなどによる、いわゆる「デジタルサイネージ」が普及し、屋外広告にデジタル・テクノロジーを応用することも可能になってきました。たとえば、天気や近隣のイベント情報などに合わせて、リアルタイムに出稿する広告を変えることができます。また、ソーシャルメディアのモバイルアプリと連携させることで、投稿した写真がリアルタイムで配信されるといった、消費者を巻き込んだコミュニケーションを実現することもできます。

　このほかにも、デジタル・テクノロジーはメディア環境に多くの変化をもたらしましたが、メディアプランニングの領域と重複する部分が多いので、詳細は第4章メディアプランニングを参照してください。

② ソーシャルリスニングの応用

　このような多様化したメディア環境においては、日々、膨大なデータが生成されており、そのデータは、企業と消費者のコミュニケーショ

ンの様々な領域で応用されています。たとえば、先述したソーシャルリスニングですが、日々生成されるソーシャルメディアのデータは、消費者との適切なコミュニケーションの仕方を模索するにあたり、重要な情報を提供してくれます。

たとえば、広報やPRといった形で企業からのメッセージを発信する際に、ビッグメディアを活用することが増えていますが、そこには、多くのコメントが蓄積され、消費者からの生の反応を知ることができます。ここで得られたデータに対して、先述のテキストマイニングなどの手法を用いて、自社が消費者にどのように捉えられているのか、その反応の変化に、どのようなものが見られるか、といったことを把握することができます。

このような分析が注目される一つの大きな要因に、企業のリスク管理重視の傾向があります。昨今、長い歴史を持つ大企業でさえ、不祥事が問題となって企業業績が大きく傾くことがあります。そして、そのような不祥事に関する情報は、一般消費者からの何気ないコメントから派生しているケースもあります。最初は一人のコメントに過ぎなかったものが、ビッグメディアを通じて拡散され、急速に大きな問題に発展することがあります。

このようなリスクの発生を早期に発見し、迅速に対応することが企業に求められるようになっています。そのために、ソーシャルリスニングのツールを用いて、ネットワーク図などを分析することで、どのように話題が拡散していくのかを把握し、迅速に問題に対処することが可能になります。

③ マーケティング・オートメーション

広告の領域に限定されるものではありませんが、メール・マーケティングや、リード・ジェネレーションなどを管理するマーケティング・オートメーションについて、ここで言及しておきたいと思います。

リード・ジェネレーションやリード・ナーチャリングとは、B to B マーケティングに代表されるような、見込み顧客を契約に繋げていくことを指しますが、B to B マーケティングのような長期間にわたり顧客との関係性を構築していくことが重要な領域においては、様々なコミュニケーションの接点を活用していくことが必要です。

　メール配信から、そのあとの Web 解析や、見込み顧客のデータベースなどを統合的に管理し、顧客との適切なコミュニケーションを実現していくことは、B to B マーケティングを成功に導くための重要なポイントです。B to B マーケティングにおいて、ターゲットとなる顧客は一般の消費者とは異なり、より細分化されたターゲットとなるため、そのようなターゲット層に対してカスタマイズされたコミュニケーション活動を行っていかなければなりません。このような領域では、従来のマス・マーケティングとは異なり、デジタル・テクノロジーを活用したマーケティング手法が大いに活用されることとなります。

イベント・プロモーション、顧客データ活用型プロモーション

　日本の広告業界には、「セールス・プロモーション」と呼ばれる言葉が存在します。これは、広義には、テレビ CM やオンライン広告といった「広告」以外のコミュニケーション領域全般を指す言葉として使われてきました。たとえば、懸賞型販促や、イベント事業、ダイレクト・マーケティングなどです。このような領域は広告周辺のビジネスも包含するため、テクノロジーが活用される場面も多様ですが、ここでは、この領域における代表的なビジネスとして、イベント・プロモーションと、顧客データを活用した販促プロモーションについて紹介します。

① イベント・プロモーション
　イベント・プロモーションは、大きなものでは展覧会・博覧会やオ

リンピックのようなスポーツ・イベント、ライブの音楽イベントなどから、流通の店頭での商品体験イベントまで、様々なものがあります。こうしたイベントに共通しているのは、メディアを通した情報への接触とは異なり、実際のイベントの現場や、商品そのものを触るといった、「体験」を提供するものである、ということがいえます。欧米のエージェンシーでは、こうしたビジネスを「エクスペリエンス（＝体験提供型）マーケティング」と呼ぶところもあります。実際に商品を体験してみることで、商品の理解が進み、購入意向が一気に高まるということは一般的にもよくあります。

　特に高額な耐久財や、実際に操作してみないとその商品のよさがよくわからないといった商品カテゴリーでは、体験の機会を提供することが重要です。たとえば、住宅、自動車、電子機器などは、そのような例の典型的なものです。また、このような商品は、消費財と比べて高額であることが多いため、消費者も意思決定に慎重になり、広告から得られる情報だけでは、なかなか最終的な購買の意思決定に至らないということが、よくあります。

　このような商品カテゴリーのマーケティング手法としては、実際の商品を体験させる場をつくり、そこで見込み顧客に体験をさせるといった手法がよくとられています。たとえば、住宅展示場や、自動車ディーラーにおける試乗体験、家電量販店での電子機器のデモンストレーションなどがあります。

　しかし、こうした「体験」の提供には限界もあります。実際の住宅は、一つひとつの物件がそれぞれ大きく異なり、購入する側は、実際に自分が購入する家の中でどのような体験をするかが重要なはずですが、注文住宅やデザイナーズマンションのようなカスタマイズできる範囲が大きい物件の場合、購入前に実際の物件がどのようになるかは、図面や類似の物件で確認するといった方法しかありませんでした。また、自動車についても、試乗ができるのは一般的に自動車ディ

ーラーの近隣の地域だけであることが多く、車で様々なところに行ってみたいという人からすれば、実際のドライビング体験を実感することは不可能でした。

　ここで、近年、急速に発展してきたVRの技術が活用されるようになりました。消費者がVRを経験する場としては、ゲームなどが主な利用例でしたが、VRの技術が急速に発展、普及するにつれて、機器も安価でかつ軽量化が進み、マーケティングでの活用例も増えてきました。

　住宅の場合では、自分が購入を検討している住宅の間取りのデータをもとに、VRのシステムを活用して、本物の家の中にいるような体験ができるようになりました。また、自動車の試乗では、ゲームセンターにあるようなハンドルやアクセルペダルを操作しながら、スリム化されたヘッド・マウント・ディスプレイを装着して、専用の町の中を低速で運転するだけでなく、曲がりくねった山道や、オフロードを走ったときの走行感をリアルに体験するといったことができるようになりました。こうしたVR技術のマーケティングへの応用範囲はさらに広がることが予想され、旅行やファッション、スポーツなど、様々な業界で活用されていくことと思われます。

② 顧客データ活用型販促プロモーション

　現代は、様々な企業が顧客データを収集し、それをマーケティング用途に活用していますが、伝統的なセールス・プロモーションの領域で、データによってビジネスが大きく変わったのが、ターゲティングのところですでに述べたID付きPOSデータを活用するものです。古くから、郵便で販促物を送るダイレクト・マーケティングの手法は、米国を中心に発展してきました。インターネットが普及してからは、メールでクーポンを配信したり、個々の消費者に向けてカスタマイズした情報を提供したりする、One to Oneマーケティングの手法

も普及してきました。

　それと並行して、ID付きPOSデータの普及も加速していきました。現在では、多くのスーパーマーケットチェーンや、コンビニエンスストアをはじめ、様々な流通店舗がポイントカードを発行しており、個人の購買行動を把握しています。こうしたデータを活用した販促活動も、ますます積極的に行われるようになっています。GPS機能を活用したターゲティングの話を紹介しましたが、このようなデータを販促プロモーションに活用する事例も増えています。

　たとえば、週末に郊外の行楽地に遊びに行っている人に対して、郊外型のアウトレットモールのクーポンを送付する、といったことも考えられます。あるいは、暑い日の夕方に、晴れている地域にいる人に対して、清涼飲料やビールのクーポンをスマートフォンのアプリを経由して配信することで、消費者が欲しているタイミングを刺激して、購買を促すことができます。

　このように、リアルタイムにデータが更新されることで、適切なタイミングで適切な相手に対して購買を促す施策を実施することができるようになり、従来のダイレクト・マーケティングや、One to Oneマーケティングよりも効果を高めることができるようになりました。

6-5. テクノロジーで変わる流通（Place）

　次に、マーケティングの4Pのうち、流通（Place）におけるテクノロジーの影響を見ていきましょう。流通業は、早くからテクノロジーを自社の戦略に取り入れて、積極的にビジネスを改革してきました。POSデータシステムを導入し、在庫を最適化するために物流を効率化し、コスト効率を高めるためにテクノロジーを活用してきました。

ID付きPOSデータの活用についてもすでに紹介したとおりです。また、eコマースという形で、流通業を根本的に変えていく業態も現れました。今では、多くの人が日常的にオンラインで商品を購入しています。このように、常に最新のテクノロジーを活用して革新を続ける流通業界ですが、ここでは、O2O、オムニチャネル、といった概念と、そこで活用されるテクノロジーについて述べたいと思います。

① O2O、オムニチャネル

　eコマースが一般的に普及するようになって以来、実店舗とオンライン店舗の連携や融合を進めようとするO2Oという概念も登場し、上記したようなモバイルのクーポンを実店舗で使うといった形での融合を目指す企業が増えていきました。さらに、オムニチャネルという概念も登場しました。

　こちらは、流通を統合して、いつでもどこでもどのような販売チャネルからも同じように商品を購入できるようにするものを指します。O2Oとオムニチャネルは異なった概念ですが、どちらもテクノロジーを活用して流通の効率を高めようとする点では共通しているといえるでしょう。

② 流通企業が活用するテクノロジー

　流通企業は様々なテクノロジーを活用しており、すでに言及したもの以外にも多くの技術が活用されています。リアル店舗で活用されているものとしては、店舗内での行動をトラッキングするシステムが挙げられます。店舗に設置した小型の端末とスマートフォンの間のデータのやりとりで、特定の売り場にきた顧客数をカウントすることができます。また、店舗内にデジタルサイネージを置き、リアルタイムにPOP広告を差し替えて表示するといったことも行われるようになってきました。

オムニチャネルにおいては、実店舗とオンライン店舗のデータの統合が重要です。いつでもどこでも同じ商品が購入できるようにするためには、在庫や物流の情報を実店舗とオンライン店舗で共有する必要があります。ここでは、高速に大量のデータをやりとりするためのシステムが導入される必要があります。流通企業は、このように多くのテクノロジーを活用しており、今後、デバイスの多様化や、ビッグメディアを含めたメディア環境の複雑化などに対応して、常に新しいテクノロジーを活用していくことでしょう。

6-6. テクノロジーで変わる価格戦略（Price）

マーケティングの４Ｐの価格戦略（Price）では、どのような技術が活用されているでしょうか。価格戦略は、一面では競争優位を築くための重要な要素です。競合する他社の商品の価格と比べたときに、消費者が「この価格ならば、こちらの商品を選ぶ」という判断をしてもらわなければなりません。

また、もう一方の側面として、企業にとって適切な利益を確保できる価格にする必要があります。消費者からすれば、価格は安いほうが好ましいのが一般的ですが、価格を下げすぎると、企業にとっては利益が確保できず、その事業を継続することができなくなってしまいます。これは、良い商品が市場に出る機会を失うことにもつながり、市場全体から見ても好ましくない結果になる場合があります。ミクロ経済学では、価格は需要と供給のバランスで決定されると考えますが、マーケティングの領域では、消費者の心理も考慮して価格を決定することが重要です。たとえば、価格は単に低ければ良いというものではなく、低すぎる価格によって商品の品質が劣るという

イメージを消費者に与えてしまう場合があります。また、消費者自身が持っている「値ごろ感」を把握しておかないと、消費者から見たときの現実的な価格から乖離してしまい、どんなに良い商品をつくっても、それだけでマーケティング戦略全体が失敗に終わってしまうことがあります。

このような点を考慮して、適切な価格を把握するための様々な方法が考えられてきましたが、ここでは、その中から代表的なものを紹介します。

モデリングによる価格弾力性の把握

メディアプランニングの章（第4章）に詳細な説明があるマーケティング・ミックス・モデリングですが、このようなモデリングの際に、「価格弾力性」についての分析が行われることが一般的です。「価格弾力性」とは、価格の変化に対し、需要がどれだけ変化するかの割合を表したものです。価格のデータは、コンビニエンスストアや、スーパーマーケットのPOSデータから取得することができるため、値引きのタイミングや、日々の価格の変動に合わせて、商品の売り上げがどう変動したかを分析することができます。

価格弾力性は、常に一定ではありません。たとえば、値引き金額が少額の場合はほとんど売り上げに影響を与えませんが、値引き率がある程度大きくなると購買数量が増え始め、大きくなりすぎると、また効果が逓減します。こうした分析から、適切な価格帯を把握することができます。モデリングには一定の作業時間がかかりますが、簡易なモデルをシステムに組み込んでおくことで、分析結果を商品価格に反映するまでの時間を短縮することもできます。

PSM分析

　また、PSM（Price Sensitivity Measurement）分析と呼ばれる手法もあります。これは、消費者調査を実施して、適正な価格を決定しようとするものですが、調査項目は極めてシンプルで、四つしかありません。

　対象となる商品について、
　・いくらから「高い」と思うか、
　・いくらから「安い」と思うか、
　・いくらから「高すぎて買えない」と思うか、
　・いくらから「安すぎて商品の品質に問題がある」と思うか、
という質問です。

　この質問から得られる四つの変数間の連立方程式を解いて、適

PSM分析の図　　　　　　　　　　　　　　　　　（図表6－⑤）

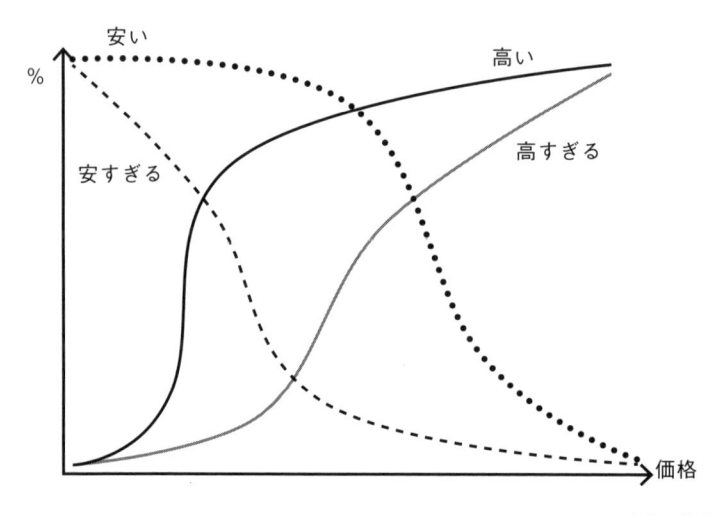

出典：著者作成

切な価格を求めます。とてもシンプルな手法なので、オンライン調査でスピーディーな調査を実施することで、意思決定にかかる時間を短縮することができ、それでいて妥当な価格を把握できるため、便利な方法です（**図表6−⑤**）。

　「上限価格」を定価とし、値引きプロモーションの際の売価を「最低品質保証価格」にするといった方法や、最適価格を売価として常に採用する、といった方法で、価格を決める意思決定に用います。

　適切な価格設定はビジネスを継続していくうえでとても重要ですが、その決定には様々な要因が関わってくるため、とても難しい課題です。今後、さらにテクノロジーが進化し、多くのデータが取得できるようになると、また新しい手法が開発される可能性が十分にあると思われます。最新の情報を収集しておくことがますます重要になるでしょう。

6-7. テクノロジーで変わる商品戦略（Product）

　マーケティングの4Pの最後のPである、商品（Product）の開発に関してですが、製造技術については、いうまでもなく多くの最新テクノロジーが活用されています。ここでは、マーケティングに関連するものに限定します。

　商品開発では、これまでに見てきたように、消費者を理解し、適切なターゲットを見極め、それらの情報をもとにして、市場性のある商品を開発していくことになります。なので、前記したすべての技術が活用されているといえるのですが、商品開発のステップにお

いて、新しい技術を利用することで変わった点について紹介します。

　商品開発の途中の段階で、消費者調査を行うことがありますが、この時に、試作品を用意する必要があります。試作品は、なるべく実際の商品に近いものが望ましいのですが、試作品の作成には、あまり大きな製造コストをかけるわけにはいきません。そのため、かつては、試作品を用意せずに、商品の説明を文章にしたものや、完成品のイメージをイラストにして消費者に説明をし、そのうえで調査をすることがよくありました。

　しかし、3Dプリンタが急速に普及し、試作品をつくるためのコストを著しく低減させることができるようになりました。家具や家電製品、また、自動車も3Dプリンタでデザインを形にできるようになっています。コストが下がると、試作品も複数のものをつくることができ、多くのバリエーションを検証することができます。それに伴い、より成功する可能性の高い商品がつくれる可能性が高まっているといえるでしょう。

　また、商品開発のステップでは、具体的な製品開発の前に、コンセプトを決める段階がありますが、この段階では、世の中の動向を踏まえ、どんな商品が求められているのか、どのような商品なら受け入れられそうか、といったことを考える必要があります。

　この段階で、前述したソーシャルリスニングによって、世の中の動向を把握したうえで、コンセプトを開発する方法があります。消費者のニーズはどこにあるか、次に流行りそうな商品はなにか、というものを探り、商品コンセプトをつくるのです。この意味で、コンセプトづくりはマーケティング戦略立案のすべての要素を含むことになります。マーケティングの4Pの中でも、もっとも重要なものだと考えるべきでしょう。

6-8. 第6章のまとめ: マーケティングとテクノロジーのこれから

　この章で見てきたように、テクノロジーによって、従来のマーケティング手法は大きく変化しました。消費者を理解する方法としては、データを収集する方法や、データを分析する手法にテクノロジーが活用されています。また、消費者を理解したうえで、適切なターゲットを発見する方法も、ビッグデータ領域の拡大に伴って様々な手法が生み出されました。

テクノロジーはマーケティング４Pすべてに浸透している

　マーケティングの４Pのすべてにおいて、テクノロジーが影響を及ぼしていることを見てきました。

　Promotion（販促）領域では、デジタル・メディアの浸透や、顧客データを活用した販促キャンペーンの発展などがあります。Place(流通)では、eコマースの拡大や、オムニチャネルのような新しい概念が登場しました。Price(価格戦略)でもデータを活用した様々な価格決定手法が活用されるようになりました。Product(商品開発)においては、ここで紹介してきたすべての技術が応用されています。今後、様々なテクノロジーがマーケティングに活用されていくことが期待されています。

●IoTはデータ収集に不可欠な技術である

　IoT（Internet of Things）は、家電や服など、我々をとりまく様々なモノをインターネットにつなぐことで、我々の生活を便利にすると同時に、今までは捕捉できなかったデータ収集を可能にすること

が予想されています。

● ロボット技術やＡＩによってさらに進化するマーケティング

　ロボット技術は、企業活動のサポートや消費者の日常生活における パートナーとして、より人々の生活の近いところに存在するように なるでしょう。人とのコミュニケーションを通じて、より深い消費者 インサイトを可能にする、新しいコンタクト・ポイントになると考え られます。また、AI（人工知能）の様々な分野への応用も期待され ています。マーケティング領域においては、本章で紹介したような、 仮説検証や、リスク管理の領域で活用されることが想定されます。

　こうした新しい技術は、我々の生活を便利にし、豊かにする可能 性を持つものですが、データについては、個人情報保護の視点から、 適切に管理することが求められます。新たな法整備も必要になるか もしれません。また、AIについては、「人間の仕事を奪う」といった ネガティブな意見もありますが、むしろ、人間ならではの創造的な 仕事に注力できる環境をつくってくれるものかもしれません。
　これからの時代のマーケティング担当者は、新しい技術の動向に 遅れないようにしつつ、その技術を適切な方法で使いこなすことで、 より豊かな世の中をつくることに貢献していくことが求められていく ことでしょう。

＜了＞

第 7 章

広告の評価基準と効果測定

執筆：アビームコンサルティング

　　　デジタルトランスフォーメーション ビジネスユニット

　　　デジタルマーケティングセクター

　　　ディレクター

　　　本間　充

7-1. 広告の評価、効果測定とはなにか？

　この章では、広告の評価、効果測定について考えます。

　広告の「評価」と「効果測定」では、まず連想されるものが異なると思います。ある人にとっては、評価＝クリエイティブの評価のことを指しているかもしれません。

　ここでは、評価とは事前から事後にわたって確認・検討を行うこととし、効果測定は広告が終了したのちに判断するものとします。

　広告には二つの因子があります。一つは、ターゲットへの到達（媒体選定）であり、もう一つはメッセージの伝達（クリエイティブ）です。この二つの因子の間には、高い関係があります。

　たとえば、ターゲットへの到達やフリークエンシー（後述）が低くても、クリエイティブが話題になれば、結果として多くの方が広告で伝えたい情報に接することが可能です。したがって、広告の総合効果とは、このターゲットへの到達と、クリエイティブの両方から得られるものといえるでしょう。

　そこで、本章では、評価、効果測定について、両方の因子から考えていくことにします。

　広告のクリエイティブの効果測定の歴史は古く、インタビューやグループインタビューで、広告の印象や、なにが伝わったかなどを確認することから始まりました。しかし、インターネット広告の出現により、インタビュー以外のクリエイティブの評価、効果測定が行えるようになりました。

　広告のターゲットへの到達の効果測定の歴史は、広告の露出、掲載の振り返りから始まりました。広告の出稿レポートを確認し、より

効果的に広告を到達させる方法がないかという議論から、メディアのリーチのシミュレーションなどにも発展しました。しかし、インターネットの登場とマスメディアの衰退に伴い、さらに顧客の消費活動の変化から、重要な指標が全体のリーチ量からターゲットへの到達量に変わってきました。また、近年では全世帯をカバーできるメディアがほぼ皆無になったことにより、どのようにターゲットにリーチするのかというのも重要なテーマになってきました。

　広告の評価、効果測定のためには、広告の「目的」も重要です。広告は、ターゲットとのコミュニケーションであり、そのコミュニケーションの目的によって、重要な評価項目は当然異なります。

　本章ではいくつかの体表的なコミュニケーション目的での、評価、効果測定方法について解説します。

第7章のポイント

☐ 広告の評価、効果測定は、ターゲットへの到達とメッセージ
　の伝達という二つの因子について行う。

☐ 評価、効果測定する項目は、広告の目的によって決まる。

7-2. 第7章の全体像

　広告業界では、「広告費の半分が無駄なのは知っている。だが、どっちの半分なのかがわかからない」という米国の経営者ジョン・ワナメーカー氏の言葉がたびたび引用されてきました。

　しかし、現在では様々なデータや調査をもとに、広告の効果測定、そして評価が行えるようになってきました。

　広告の評価と効果について、ここでは広告のコミュニケーションの効果に限定して議論を行うこととします。つまり、広告の最終目的である「売り上げ効果」は、ブランドやサービス、商品の状況によって複雑になるので、この章では考えません。しかし、広告のコミュニケーションにおける効果測定自体は様々に進化しており、また行うことも複雑になってきています。

　広告の効果は、ここでは広告のコミュニケーション目的の達成度と置き換えてもいいでしょう。つまり、コミュニケーションしたいターゲットに広告を届けられたか。そのターゲットに対して、当初設定したコミュニケーションが行えたかということです。

　この効果というのは、最終的に得られる事柄や数値を意味します。最近ではこの広告の最終効果のほかに、事前評価や広告実行中の評価も行えるようになってきています。

　この章では、これら広告の効果測定の考え方、またその代表的な方法について解説していきます。

広告の評価基準と効果測定　　　　　　　　　　（図表7－①）

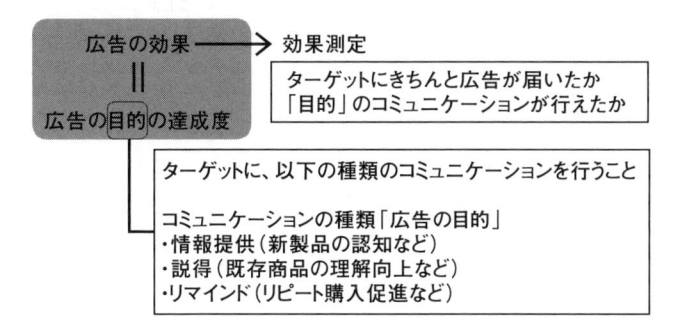

評価できること

	事前	実行中	事後
ターゲットへの到達	△	○	○
メッセージの伝達	○	○	○
			広告の効果測定

出典：著者作成

本章では、次のことについて考えます。

- 広告の評価の因子分解
- ターゲットへの到達の基本的な考え方
- ターゲットへのリーチの測定
- ターゲットへのフリークエンシーの測定
- ターゲットへのリーチ、フリークエンシーの評価
- メッセージの評価
- 評価、効果測定の基準

7-3. 広告の評価を「ターゲットへの到達」と「メッセージの伝達」の二つの因子に分ける

　まず、効果の高い広告の定義をきちんと考えてみましょう。

　広告の効果には、大きく「コミュニケーション効果」と「売り上げ効果」の二つの効果があります（『コトラー＆ケラーのマーケティング・マネジメント　第12版)』丸善出版、第18章を参照のこと）。

　前述したように、「売上効果」はその製品やサービスの状況にもよるため、簡単に議論することはできません。ここでは、広告の効果を「コミュニケーション効果」にだけ絞って考えてみることにします。つまり、伝えたいメッセージの伝達及び理解促進だと捉えてください。たとえば、製品の良さを再確認してもらうような広告だとしてみましょう。

　広告の効果を「コミュニケーション効果」に限定したとしても、シンプルなメッセージを何度も複数の媒体で宣伝する方法もあれば、非常に面白く話題性の高いメッセージを、ごく限られた媒体と回数で伝える方法もあります。

　確かに私自身も、あまり回数は多く見ていなくても印象に残るテレビCMがある一方で、何度も見ているのに製品名位しか覚えていないCMがあります。

　このように、効果の高い広告とは、その広告のターゲットへの到達、そしてメッセージの伝達という二つの因子に分けられます。この考え方は、マスメディアにおいて宣伝が始まった時から存在し、デジタル時代になった今も変わりません。

　デジタルメディアの広告においては、アドテクノロジーの進化とともに、より精密なターゲット設定と、そのターゲットにメッセージを届ける技術が進化して、媒体の選定方法や広告の届け方が話題の中心になることが多くなっています。しかし、これも考えてみれば、

ターゲットへの到達と、メッセージの伝達の最適化を行っていることに変わりはありません。

　つまり、広告の効果は、「ターゲットへの到達」というメディア・媒体選定と、「メッセージの伝達」というクリエイティブの両方の視点から考えないといけないということです。

広告の評価　　　　　　　　　　　　　　　　　　　（図表7 - ②）

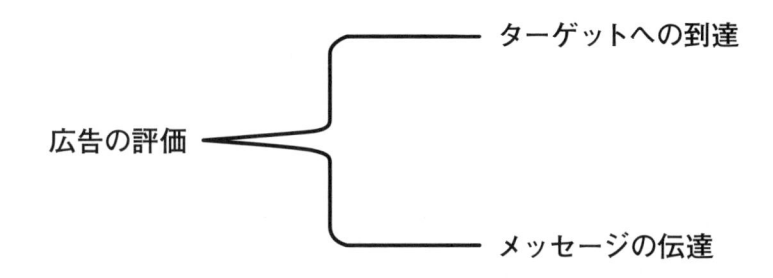

出典：著者作成

7-4. ターゲットへの到達の基本的な考え方

　まずは、広告のターゲットへの到達の効果測定から考えることにしましょう。

　ターゲットの到達にも二つの因子が存在します。それは、ターゲットのリーチと、フリークエンシーです。

　リーチとは、ターゲットへの到達度、到達量のことです。たとえば、テレビ番組の視聴率や視聴者数は、リーチに該当します。Webサ

イトの日別訪問者数もこのリーチに該当する指標です。

　また、フリークエンシーは、同じ人がその広告に接触する回数のことです。バナー広告などで、「フリークエンシーキャップ」という言葉が登場しますが、これはあるフリークエンシー以上の広告は出稿しないことを指示する際に使う言葉です。

　一般に、このリーチとフリークエンシーは高いほうが良いように思われそうですが、必ずしもそういうことではありません。まず、広告予算には限りがあり、全世帯にリーチをすることなど不可能です。また、フリークエンシーが高くなっても、すでに見たテレビCMを繰り返し見せられているだけでは効果は上がらないかもしれません。

　実際に、広告のリーチ、フリークエンシーと、広告の認知効果は、(図表7-④)のようになることが知られています。

　このように、ある一定以上のリーチを獲得したのちに、さらにリーチを増加させても、広告の認知はそれほど高くなりません。リーチを一定以上高くすると、その商品やサービスに興味のないターゲットにも広告を届けている可能性があります。

　つまり、ターゲットの到達に対しても、最適なリーチ量、最適なフリークエンシー数を探索して、実行しなければならないということです。

　以後、ターゲットへのリーチに関しては、広告実施後の測定できるデータについて説明を行い、それに続いて、評価(事前予測)の説明を行うこととします。また、最後に媒体予算の考え方(予算の使い方の評価)について、説明を行います。

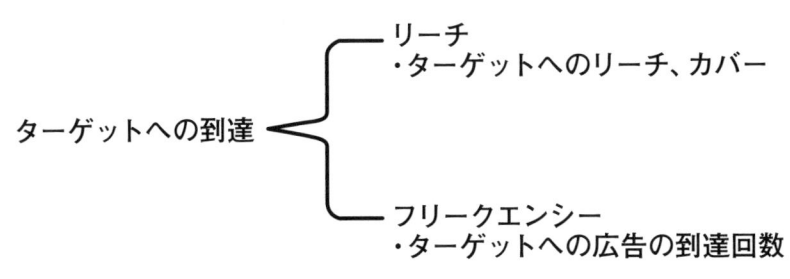

出典：著者作成

広告の認知と、リーチ、フリークエンシーの関係　　　　　　（図表7−④）

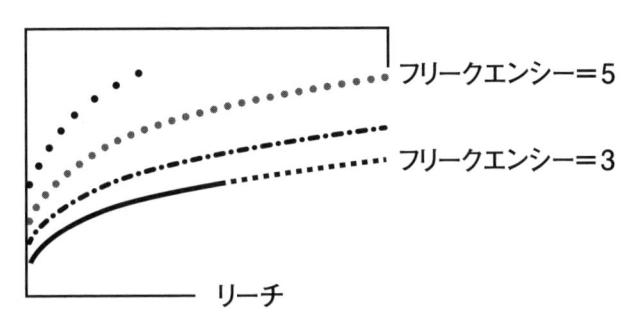

出典：著者作成

7-5. ターゲットへのリーチの測定

　ターゲットの設定や、それに合わせたメディア選定については、「第4章 メディアプランニング」で解説されています。

　それを踏まえて、定めたターゲットに対し、きちんと広告が届いたかどうかを知るには、どのような方法が考えられるでしょうか。

テレビのリーチの測定

　テレビの場合、広告主に戻ってくるのは、その広告を投入したテレビの視聴率（視聴者数）です。この数値により、何人がそのテレビCMを見たのかを計算することができます。

　たとえば、CMを入れたテレビ番組の視聴率が3%だとすると、この視聴率は一般に世帯視聴率ですから、これに世帯数や平均世帯人数、テレビの普及率などを掛け算することで、テレビの前に家族全員が座っている場合の視聴者数が出てくるわけです。

　しかし、実際に知りたいのは、ターゲットがどの程度、該当のCMを見たかということですよね。このような個人視聴率はTARP（Target Audience Rating Points）と呼ばれ、視聴率調査会社から一般的に性・年齢別（F1層、M1層など）で提供されています。

　ただし最近では、性・年齢別のターゲット設計ではないマーケティングも多くなってきており、視聴率調査会社から提供された視聴率に、仮定のターゲット含有率を掛けて計算する方法もよく用いられています。

　また、近年、TARPの領域で注目を浴びているのは、i-SSP®（インテージの提供するSSP）のように、Single Source Panel（SSP）を活

用する方法です。SSPは、テレビの視聴データを個人ごとに時間別に記録しており、パネルの何人がテレビCMを見たか、何回見たかなどがわかる調査データです。ただし、まだ利用が始まったばかりで、どの程度テレビCMの視聴データとして使えるか、議論が始まったばかりの状況です。

ラジオのリーチの測定

ラジオには聴取率というデータが存在します。ただし、テレビのようにすべての番組でデータが取れているわけではなく、ある一定の週のみのデータになることもあります。

この聴取率をもとに、何人がラジオCMを聞いたかが計算できるようになっています。

ラジオでもテレビ同様、性・年齢別の聴取率が取れているので、このデータを使うことで、ターゲットの含有率を知ることも可能になっています。

新聞のリーチの測定

新聞ではこれまで、発行部数をもとに広告のリーチを測定してきました。この発行部数は新聞社ごとに発表しているもので、それらを一般社団法人 日本ABC協会（JAPAN AUDIT BUREAU OF CIRCULATIONS）が、「新聞部数レポート」としてまとめています。

ここで問題となるのが、新聞の発行数をそのまま新聞広告の閲覧者数としてよいのか、という点です。

この問題を解決する指標として、新聞広告共通調査プラットフォーム J-MONITORというものがつくられ、様々な新聞広告のデータが提供されるようになりました。

　この活動により、新聞広告のリーチ測定は今まで以上に活用しやすくなってきています。

雑誌のリーチの測定

　雑誌の場合、各雑誌編集部が公表している印刷部数、または一般社団法人 日本雑誌協会が公表する印刷部数をもとに、リーチ量を計算します。

　このデータは、あくまで印刷部数であり、販売部数ではないことに注意する必要があります。また、広告面の視認率や読了率などについては、仮定して計算しないといけません。

　一方、いくつかの調査会社で、雑誌の接触者を調査している会社もあり、これを参考にする方法もあるでしょう。

インターネット広告のリーチの測定

　ここまで、テレビ、ラジオ、新聞、雑誌のリーチの説明を行ってきました。テレビ、ラジオではパネル調査による拡大推計値の利用、新聞、雑誌では発行部数からの推計となりますが、インターネットはこれらのメディアとは異なり、リーチ量について正確な全数データを取得することが可能です。

　たとえば、バナー広告の場合は、インプレッション数（通称、imp／インプ）が、広告掲載完了後に広告出稿レポートとして報告されます。このインプレッション数（表示回数）は、実際に広告の配信サーバーからバナー広告が送信された回数で、ほぼPCや携帯電話の画面に表示された回数になります。

　「ほぼ表示された回数」というのはどういうことか、少し説明をしておきましょう。あるサイトを閲覧している時、表示速度が遅く、画

像が「×マーク」になって、表示されないことがあります。この時、いくつかの広告配信サーバーでは広告配信完了となっているケースがあり、その結果、広告の表示数（きちんと配信が成功した数）と、広告配信サーバーの送信数とに違いが生じてしまうのです。

さて、このインプレッション数は、そのまま広告のリーチ数となるのでしょうか。実は、このインプレッション数は、リーチ数とフリークエンシー数の掛け算になっています。

最近の多くのバナー広告のレポートでは、平均フリークエンシー数やユニークブラウザー数などがあります。フリークエンシー数がわかっている場合は、その数でインプレッション数を割り算すれば、リーチ量が出ます。また、ユニークブラウザー数は、まさにリーチ量そのものです。

ところで、インターネットの広告において、ターゲットへのリーチ数は測定できるものでしょうか。答えは、イエスでもあり、ノーでもあります。なぜならば、メディア別に指定できるターゲットの種類やその細かさが異なるからです。

7-6. ターゲットへのフリークエンシーの測定

まず、フリークエンシーの最適化は、非常に難しい問題であるということをお断りしておきます。広告コミュニケーションの達成のためには、何度も同じ広告を届ける必要がある場合もありますが、やりすぎれば広告への好感度が下がることも考えられます。

したがって、一概にフリークエンシーを何回にすればいいと決められるものではありません。最適フリークエンシーは、広告したいブランドや製品／サービスの現在の状況、お客様の状況により、変

化します。

　しかし、同じ人に何度も同じ広告メッセージを届けるのはやはり、無駄な場合が多く、フリークエンシーを知ることは、広告及びキャンペーンの設計のためにはとても重要です。

テレビ、ラジオ、新聞、雑誌のフリークエンシーの測定

　一般に、テレビ、ラジオ、新聞、雑誌における広告の接触回数、つまりフリークエンシーを示す統計データは公開されていません。

　また、新聞や雑誌は媒体社別にデータを取っていることが多いので、複数の雑誌で広告のフリークエンシーを測定するケースはほとんどないのが現状です。

インターネット広告のフリークエンシー

　インターネット広告のフリークエンシーは、同じ広告配信プログラム内であれば、取得可能です。たとえば、Googleディスプレイ ネットワークの広告配信におけるフリークエンシーは把握することが可能です。

　さらに、いくつかのインターネットの広告では、フリークエンシーに上限の設定をつけて広告を購入することも可能です。たとえば、「最大フリークエンシー10回」などと指定しておくと、広告接触者に対して同じ広告は11回目からは配信されなくなります。

　また、Yahoo!ディスプレイ アドネットワークとGoogleディスプレイ ネットワークの両方にまたいだフリークエンシーを取得することは、メディアが異なるために、一般には取得不可能とされています。

　広告のターゲットへのリーチ、フリークエンシーの評価とはなんでしょうか。

　ここでは、広告で行いたいコミュニケーションができたか、それは、リーチ、フリークエンシーの視点から行えたか、というところになると思います。

　つまり、コミュニケーションを行いたいターゲットにリーチできたか、コミュニケーションを行いたいターゲットに十分な回数（フリークエンシー）のコミュニケーションを行えたか、ということが評価の対象になります。

ターゲットへのリーチ、フリークエンシーと事前評価

　広告を出す前に、リーチ、フリークエンシーが十分獲得できるのか、事前に評価することは可能でしょうか。

　リーチに関しては行うことができます。テレビ、ラジオ、新聞、雑誌の場合は、過去のデータから、それぞれの媒体やコンテンツに対しての想定リーチ数が推計できますから、このデータをもとに事前に評価を行い、必要な広告枠の購入を行います。

　しかし、フリークエンシーについてはわからないのが実情です。媒体やコンテンツをまたいでのデータが取得できていないからです。

　一方、インターネットに関しては、表示回数やクリック数に基づく方法で広告を購入することができます。したがって、リーチに関して評価する必要はなく、設定すればよいわけです。

　ただし、広告の購入価格が、媒体や広告の配信ネットワークごと

に異なるため、効率よく効果的にリーチを獲得しようとする場合にはアイディアが必要になるでしょう。

　インターネットの広告では、ターゲットの設定を何度も「ふるい」にかけて絞り込みを行うと配信コストが高くなるケースがあります。ターゲットが明確になっており、すでにそのターゲットとのコミュニケーションが重要とわかっている場合は、それでも良いでしょう。

　しかし一般的に、事業責任者から提案されている広告、コミュニケーション・ターゲットの設計は、机上のシミュレーションに過ぎないことが多く、時には実際の顧客像をいい尽くせていないケースも見られます。このような場合には、広告ターゲットを一度広げてみて、途中結果を見ながらターゲットを絞り込んでいくという方法もあります。

ターゲット設定の簡素化 （図表7－⑤）

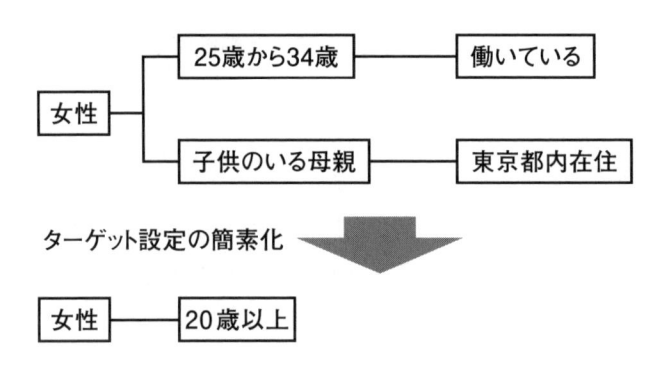

出典：著者作成

　また、インターネットの広告では、フリークエンシーについても、広告投入時に媒体または広告配信ネットワーク内で行うことが可能になっています。

ターゲットへのリーチ、フリークエンシーの広告配信中の評価

インターネットのバナー広告、キーワード広告、動画広告などにおいては、広告配信中の評価が可能です。これは、テレビ、ラジオ、新聞、雑誌の広告が期日指定の広告で、一般的に広告投入完了後にレポートを確認できる点と大きく異なります。

インターネットの広告には一般にキャンペーン管理という概念があり、あるキャンペーン期間中の広告の配信条件について、広告配信主が自由に変更できる場合が多く、変更のタイミングもほぼ制限がないことが多いようです。

そのため、先に説明したように、最初はターゲットを広めに設定し、クリック率が高いターゲットがわかってきた時点で、そのターゲットに配信先を集中させるという方法も可能です。

また逆に、クリック率が低いターゲットには、フリークエンシーの上限を引き上げて配信することも可能です。

インターネットの広告において、広告の配信レポートを見続けることは、自社のWebサイトのアクセス分析と同様に重要な作業であり、そのための広告配信チームの確立やデータ分析の手法の確立が急務となっています。

また、近年はこのインターネットの広告配信について、コンピューターに評価アルゴリズムを組む込んだ上で配信するProgrammatic Buyingの取り組みも増えてきています。

7-8. ターゲットへのリーチ、フリークエンシーの効果測定

　媒体選定に欠かせない広告のリーチやフリークエンシーに関して、各媒体においてデータ取得が可能かどうか、さらに事前の評価や広告期間中の評価法について、これまで解説してきました。

　では、事後の評価はどうしたらよいでしょうか。これがまさに、広告、コミュニケーションにおけるターゲットへのリーチ、フリークエンシーの効果測定ということになります。

　リーチ、フリークエンシーと広告の効果はどのような関係があるのでしょうか?　実はこの点については、まだ多くのことがわかっていないのが現状です。

　今や、広告のリーチというものが複雑化しつつあり、情報の伝達においても、ターゲットの記憶に残るかどうかについても、その測定

各情報量の推移　　　　　　　　　　　　　　　　　　　（図表7-⑥）

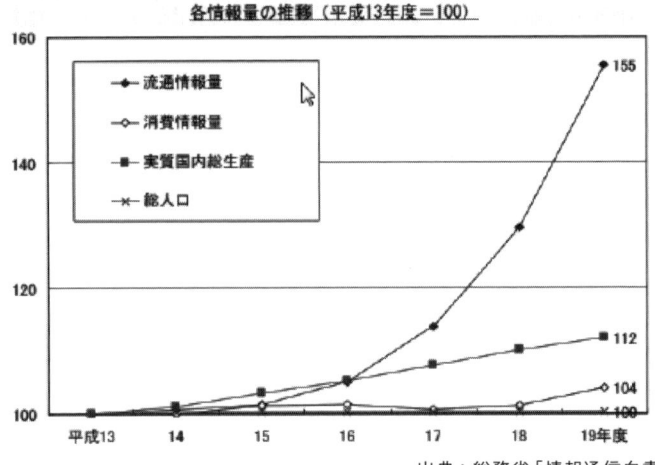

出典：総務省「情報通信白書」より

や判断が以前よりも難しい問題になってきているからです。

　（図表7－⑥）は、総務省が発表している情報流通量のグラフです。これを見てもわかるように、私たちの周囲では以前より情報が増えています。広告もそういった情報の一つといえるでしょう。

　このことから、一つの広告における一回のリーチの濃度は、以前よりも減少していることが推測できます。

　それならば、以前よりフリークエンシーを多く設計すれば、生活者に濃く届くのかというと、よくわからないのが実情です。

　現在、広告のリーチとフリークエンシーの効果については、まずは測定を行い、なんらかの仮説を立てて検証を行う、というステップを継続的に行うしかなさそうです。

　効果測定方法については、購入者やサービス契約者に、どの広告、コミュニケーションが記憶にあるのかを確認する方法が考えられます。また、インテージのSingle Source Panelを活用して、購入者とテレビ広告、インターネット広告の接触を確認する方法もあります。

　もっとも、このビジネスが、インターネットでの購買（ECサイト）などのように、インターネット空間で閉じられている場合は、効果をもっと明確に取得することが可能です。

　リーチ、フリークエンシーに関するデータ、消費者の購入、契約のデータは、以前より多くの種類が取得可能になってきています。どのような分析を行うかを明確にしさえすれば、以前よりも有効な効果測定が行えるようになってきているといっていいでしょう。

7-9. 広告のメッセージにおける評価と効果測定の基本的な考え方

　さて、広告においては、企画や予算に基づき、二つの因子を決定します。一つは、ターゲットへの到達（媒体選定）であり、もう一つはメッセージの伝達（クリエイティブ）です。

　ここまでは、一つの因子ターゲットへの到達（リーチとフリークエンシー）の評価と効果測定について説明してきました。ここからは、もう一つの因子、メッセージについて考えていくことにします。

　ところで、広告メッセージの効果とはなんでしょうか。広告をコミュニケーションであると考えれば、ある目的のメッセージを伝えられたかということになるでしょう。

　テレビ、ラジオ、新聞、雑誌の広告は、広告接触のあとに商品名の記憶や店頭などでの購入など、「別な場所や時刻での反応」を期待してメッセージを伝えます。よって、メッセージが直接的に次の行動を促したかどうか、実はよく把握できないのです。

　Webサイトや携帯のアプリに展開されるバナー広告は、そのクリエイティブによってクリック率が異なります。バナー広告の目的が、このクリックだけであれば、クリック率は重要な指標になるでしょう。

　しかし、バナーをクリックし、次に誘導されるWebサイトなどの情報も含めて、「あるメッセージを伝えること」が目的だとしたら、クリック率とメッセージの伝達の間に関係性がないかもしれないのです。

　このように、広告におけるメッセージの評価、効果測定は、ターゲットへの到達（リーチ、フリークエンシー）ほど単純ではありません。また、ターゲットへの到達を理解するためには、多くのデータがメディアから提供されますが、メッセージの評価、効果測定に関しては、多くのデータを自分たちで取得する必要があります。

7-10. 広告メッセージの評価

　まずは、広告メッセージの評価（事前と広告期間中）から考えてみましょう。

　広告を実際に行う前に、どのメッセージの受け入れられ方が高いのか、受け入れられた場合、どのクリエイティブが正しく情報を伝えているのか、この二つを確認することはとても重要です。

　一般に、広告を通してなにかをメッセージすることで、売り上げやサービス契約に効果があると思われがちですが、私の長年の経験には多くの失敗が存在します。

　一つは、まったくメッセージが伝わらない事例です。すでにその製品やサービスが存在している場合、広告のメッセージをきちんと変えないと、新しい追加のメッセージが伝わらないことがあります。たとえば、テレビCMの映像をほとんど変えず、メッセージや説明のナレーションだけ変えても、多くのターゲットはすでに見たことのあるテレビCMだと受け止めてしまうことがよくあります。

　また、メッセージを大きく変更したことで、製品やサービス自体も大きく変わったと誤認させてしまい、既存のユーザーが離れてしまうという失敗もありました。

　どちらもターゲットを入れ替えたかったわけではなく、新しい特徴を伝えた結果、このようになるケースもあるということです。

　広告のターゲットへの到達には「過不足」という問題がありますが、広告のメッセージによる失敗はすべてを失う可能性があり、事前の評価や専門家の知見などを得ておくことは、とても重要です。

　特に近年は、広告のメッセージの問題がインターネットのSNS空間などで話題になり、最悪の場合、しばらく広告活動が行えなくな

ることもあるので注意が必要です。

　広告のメッセージ、つまりクリエーションの評価は、事前に行うものと、広告期間中に行うものとがあります。事後の評価は、広告のメッセージの効果とほぼ同じものになるでしょう。

　また、評価については、メッセージの伝達に関するものと、メッセージの受け入れ性によるものとに分かれます。

テレビ広告のメッセージの事前評価

　事前に行うメッセージの評価として代表的なものに、グループインタビューやモニターを使った調査があります。

　テレビCMの場合、調査したいCMを他のいくつかのCMに交ぜて、モニタールームなどで見てもらい、それぞれのメッセージの伝わり方や購入意向などを確認します。メッセージの伝達に関してだけでなく、このメッセージ自体の受け入れ性（快・不快など）も確認することができます。

　非常に長きにわたって行われてきた評価方法ですが、いくつか留意すべき点もあります。

　まずは、この評価を依頼するモニターの設定です。今回のメッセージ伝達ターゲットがこのモニターの属性になるわけですが、ターゲットの設定が適切かどうか、その属性のモニターを本当に集められるかなど、モニターの設定によってこの評価の成否は大きく左右されます。

　そして、モニターが集まった場合の調査方法、特に質問の設定は重要なポイントとなります。

　たとえば、テレビCMの改変の場合、メッセージの伝達力が高くなったかどうかをきちんと確認するには、前回と同じ質問をするべきでしょう。このような質問の設定については、グループインタビューの設計を

専門とする人の協力が不可欠です。

　また、実際に対面で行うグループインタビューもあれば、インターネットを活用して、離れたロケーションのモニターにインタビューを行うケースも増えてきました。

　さらに、シーン別の印象をより正確に確認したい場合には、テレビCMを見てもらうモニターの脳波を測定させてもらい、その脳波の波形から快・不快を測定する方法もあります。

　そのほか、近年では、テレビで公開する前にYouTubeなどのオンライン動画サイトでCMを流し、アクセス数や動画の見られ方などを測定する方法もあります。これはほとんどコストがかからない一方で、テレビよりも早く一般にCM内容を公開してしまうデメリットがあります。

　テレビ広告の制作はコストがかかるため、最終完成版を何種類もつくることは困難です。そこで、編集途中の映像でテストしたり、要素に分けてテストを行ったりすることもあります。

　テレビ広告は、広告の中でも様々な表現手法が使えるメディアであり、それゆえにメッセージの伝達に関しての変数も多くなります。映像全体の雰囲気、起用しているタレントやモデル、音楽、映像上の文字の表現など、その要素は様々です。

　したがって事前評価では、広告メッセージの目的とともに、「なにを事前に確認しないといけないのか」を明確にしておく必要があります。

ラジオ広告のメッセージの事前評価

　ラジオにおいてもテレビCMとほぼ同じ評価手法が使えますが、ラジオ広告の媒体価格の低下や聴取者の減少から、近年ではあまり事前評価が行われなくなっています。

　しかし、ラジオ広告の形式、つまり音声広告は、最近のスマートフォ

ンの普及により、見直されるべき表現形式といえるでしょう。

新聞広告のメッセージの事前評価

　新聞広告のメッセージの事前評価は、社内やクリエイティブの関係者の間で行うことが多いでしょう。実際と同じサイズでクリエイティブを複数つくり、メッセージの明確さ、読者に理解できる表現になっているか、新聞本文を目的に読んでいる読者の目に止まるかなどを、議論します。

　もちろん、モニターを募って事前評価を行ってもらうことも可能ですが、新聞一面（15段）を占有するようなもの以外、その日の新聞記事と広告の間には重要な関連要素があり、事前確認項目はかなり限定的にならざるを得ません。

雑誌広告のメッセージの事前評価

　雑誌広告は、新聞広告よりも高品質のグラフィックによるクリエイティブが可能で、多くの場合、雑誌の1ページを占有することができます。このため、読者に近いターゲットに広告を数種類提示して感想を聞くインタビューなども以前は行われていました。

　テレビ広告におけるメッセージの事前評価と同じ方法になりますが、このグループインタビューのコストは雑誌広告の掲載費用とあまり変わらず、行わないケースのほうが多くなっています。

　社内のターゲットに近い人に感想を聞くなど、調査の補完を行うことは可能です。

インターネット広告のメッセージの事前評価

なぜか、インターネット広告（バナー広告、動画広告、メール広告など）では、メッセージの事前評価を行うケースはそれほど多くありません。

調査を行うケースとして多いのは、自社サイトの大規模改訂や新設サイトの公開の場合などです。自社サイトは媒体予算を外部に支払うわけではないので、広告ではないように思われがちですが、自社で媒体を運営している広告になります。したがって、企業の自社サイトは、日本の広告関係の法律などに従う必要があり、注意が必要です。

では、自社サイトの事前調査にはどのようなものがあるでしょうか。そのサイトの伝えていることがわかりやすいか。見たあとに商品やサービスを購入したり契約したりしたいと思うか。このような内容に関するものは、テレビ、ラジオ、新聞、雑誌の広告の調査項目とほぼ同じでしょう。

Webサイト固有のものとしては、このようなサイトを検索サイトで探してまで見たいと思うか、見たあとにSNSやクチコミなどで他のターゲットに伝えたいと思うか、という項目があります。自社のWebサイトは、テレビ、ラジオ、新聞、雑誌とは大きく異なり、ターゲットに自らたどり着いてもらわない限り接触が起こりません。そこでインターネット広告を活用するわけです。

接触者を増やすための方法の一つにインターネット広告の利用があります。しかし、企業側としては、このインターネット広告の予算を可能な限り最小化したいはずで、その意味で、テレビ、ラジオ、雑誌、新聞の広告とインターネットの広告では、多くの場合、目的が異なることになります。

テレビ、ラジオ、雑誌、新聞の広告はそれ自体が広告であり、完結したメッセージになっています。一方、一般的なインターネットの広告は、バナー広告、キーワード広告、メール広告などを通じて、自社のWebサイトに誘導するのが目的です。そして、伝えたいメッセージも、そのWebサイトにあるケースがほとんどです。したがって、Webサイトの事前評価というのは、実は大変重要な評価といえるのです。

　もう一つ、Webサイトの事前評価において重要なポイントがあります。それは、Webサイト内のナビゲーション、すなわち、UI/UX（ユーザーインターフェイス/ユーザーエクスペリエンス）の設計です。

　次のページに行く方法がわかりにくかったり、ページの移動に「イライラ」したりするようなWebサイトでは、コミュニケーションのターゲットに良い印象を与えることができません。たとえ、その中に適切なメッセージや説明があったとしても、それ以上にそのページにたどり着く操作が使いにくいと、総合的にはその商品やサービスについて良い印象が残らないことが多いのです。

　メッセージの伝達のテストについては、他でも用いられているグループインタビューの手法を活用すればよいでしょう。また、UI/UXのテストでは、想定ターゲットは数人にとどめ、あるシナリオを与えて、モニターが目的のページにたどり着くか否かを観察する方法があります。また、今ではUI/UXの専門家も増えたので、そのような人にアドバイスを求めることも可能になってきています。

　こうした自社のWebサイトの事前評価は、大規模なサイト公開や改良の前には、行ったほうが良いステップといえるでしょう。

テレビ、ラジオ、新聞、雑誌広告のメッセージの広告配信中の評価

　残念ながら、テレビ、ラジオ、新聞、雑誌に関しては、広告配信期間に比べて広告の制作期間が長いことから、広告配信中に評価を

行うことはあまりありませんでした。

　しかし、皆無というわけでもなく、方法自体は存在しています。それは広告配信のやり方です。全国またはすべての媒体で一斉に行うのではなく、広告の改良期間をも含めたスケジュールで配信を行う方法です。

　たとえば、テレビ広告においては、全国配信する前にA地区とB地区だけを選定し、それぞれ異なる素材を放映して、反応が高い広告を選定するという方法があります。

　また、限定された地区や限定された媒体で広告を配信し、広告接触者に対して、インタビューや調査などを行い、改良を行ってから地域や媒体を広げる方法もあります。

インターネット広告のメッセージの広告配信中の評価

　インターネットの発展とともに、広告期間中にメッセージの評価を行うことが容易になりました。そして、インターネット以外のメディアについてもメッセージの評価を行うことは可能です。

　たとえば、簡単な例としてインターネットのバナーを考えてみましょう。バナー広告の表示回数とクリック数については、ほぼリアルタイムに確認できるようになっています。

　クリック数は、そのバナーの先の情報をさらに見てみたいという数を表しています。つまり、クリック数が多ければ、メッセージの受け入れ性が高いということになり、メッセージの評価の一つに使えるわけです。

　最近ではこの手法をさらに活用し、異なるメッセージのバナー広告を何種類か同時に掲出し、クリック数の高いバナーを探索する方法も広く活用されるようになってきました。

　ここでは便宜上、「異なるメッセージ」と説明しましたが、実際の

バナーの要素 (図表7-⑦)

出典：著者資料をもとに編集部作成

バナーにはいくつかの要素が存在します。

　たとえば、メインビジュアルに人を使うかどうか。会社のロゴはあったほうがよいか。クリックのボタンは何色で、どこに置いたらよいか。このように、コントロール可能な要素は様々で、事前にすべてを決めることはできません。

　そこで、あえて複数のタイプのバナー広告をつくり、広告を運用しながら、クリック数の多いものを選択するという手法が普及したわけです。

　このようなクリエイティブの変更法は、バナー以外にも、メール広告や自社のWebサイト、動画でも活用できます。

　さらに、ネットのバナーにおいては、ニールセンが提供するVizu（www.vizu.com）というサービスもユニークです。これは、バナー広告を見たブラウザーに対して、バナー閲覧後、簡単なアンケートを表示して答えてもらうものです。バナー広告を見ていない人にも

同じアンケートを表示することができるので、メッセージの接触者と非接触者では、ブランドのイメージに変化があるかなどを確認することが可能です。

また、まったく違うアプローチとして、インターネット空間でのグループインタビューやモニターを活用して、インターネットやすべてのメディアに関するメッセージの評価を行うことも可能です。

これはMROC（Marketing Research Online Community）と呼ばれるもので、ネット空間上に仮想的なグループインタビュー用のメッセージボードを用意し、実際に見られたコマーシャルや雑誌広告などについて、感想を聞くことができます。

また、最近よく見られる動画広告では、30秒の動画に対して何秒のところまで見られたかというデータを取ることができます。このレポートがあれば、どのようにしたら長く動画を見てもらえるのか、あるいは一番伝えたいメッセージを何秒までに伝えたらよいか、などを判断しやすくなるでしょう。今までのテレビCMでは取れなかったデータであり、今後、活用されていくことになりそうです。

事後に行うメッセージの評価

事前に、または広告期間中に行う評価手法を、そのまま事後に行うものです。メディアの接触者にグループインタビューを行ったり、商品を実際に購入した人やサービスを契約した人に対して、広告を覚えているか、どの程度メッセージが伝わったか、といったことを聞くことができます。

広告期間中よりも調査設計に時間をかけられますし、質問も細かく聞けるメリットがある一方、時間が経てばターゲットの記憶も曖昧になり、正しい情報が取得できないリスクがあることも踏まえておくべきでしょう。

7-11. 広告メッセージの到達の効果測定

　広告のメッセージ、クリエイティブ開発を行い、実行したのちに、メッセージの到達を効果測定することがあります。意図したメッセージがきちんと到達したかどうかの確認のためです。

　これを行うには、広告実施後、広告に接触した人を探して、インタビューまたはアンケートを行うケースが多いようです。

　インターネットの場合は、広告接触者に対し、同じ画面でアンケートを出す方法などが開発されていますが、他のメディアではこの方法が使えません。したがって、一般にメディアへの接触状況や覚えている広告などについて話してもらい、その中から当該広告への接触者をリクルートする必要があります。

　内容的には、広告で伝えているメッセージの確認と、そのメッセージをどのように理解しているかなどを、インタビューまたはアンケートを使って調査します。調査としては極めて簡単な方法といえるでしょう。

　しかし、この調査にも課題がいくつかあります。

　一つ目の課題としては、ターゲットへのリーチの少ない広告の場合、この調査方法ではリクルートにコストがかかることです。

　二つ目の課題は、人の記憶の問題です。広告に接触したら、その全員が広告を正しく覚えているかというと、その保証はありません。ただし、記憶されやすさ、記憶に残りやすさもメッセージの問題であると考えれば、なにを記憶しているかということも、意味のある調査項目になり得るでしょう。

7-12. 第7章のまとめ

広告の評価基準はあるのか

　ここまで、広告の評価、効果測定について、議論してきました。しかし、この章のタイトルである「評価基準」については、まだ述べていないので、最後に考えてみたいと思います。

　なにを測定したらよいかについて検討してきましたが、その指標に対して標準となる数値が「基準」であろうと思います。

　この基準、みなさんもお気づきのように、マーケティングの組織ごとに異なる基準が存在しています。最初に効果測定を行った際の数値が次回マーケティングの設計時の基準になり、その繰り返しによって、精度の高い数値になっていくわけです。したがって、絶対的な基準値は存在せず、目標となる基準値も常に変化し続けることになります。

　その意味においては、広告の評価、効果測定で取得できたデータは、マーケティングを行っている企業の中で、きちんと共有されるべきでしょう。共有により、より良い基準値を発見することが可能になり、その理由も学べるからです。

　このように、広告の評価、効果測定とは、広告の効率化のための重要なプロセスである一方で、他のマーケッターのマーケティングを理解するための重要なヒントでもあるわけです。

　ぜひ、広告の評価、効果測定を継続的に行い、広告を効率よく行ってください。そして、それ以上に、みなさんには新しいマーケティングの手法を開発してほしいと願っています。　　　　　　　＜了＞

第 **8** 章

宣伝広告の法務

執筆：第1部　広告法規

　　　公益社団法人日本広告審査機構(JARO)

　　　第2部　関連法務

　　　シティライツ法律事務所代表　弁護士

　　　Creative Commons Japan　理事

　　　Arts and Law　代表理事

　　　水野　祐

第1部 広告法規

8-1. 広告規制とはなにか?

　広告をつくる際、商品やサービスを売り込みたいあまり、メリットを強調したり、デメリットを目立たなく表示したりしたくなるかもしれません。

　しかし、広告には、禁止される表現、表示しなければならない事項、あるいは広告すること自体に制限がある場合があります。こうした法令や業界自主ルールなどを広告規制と呼びます。

　万が一、法規制に違反する広告をして行政処分を受けてしまうと、会社名が公表されるなど大きな損失を被ることになります。小規模事業者であれば死活問題にもなりかねません。ルールをしっかり守った適切な広告を制作することは、消費者保護と同時に、広告主の信頼性の確保やその広告を掲載・放送する媒体の価値を守ることにもつながるので、こうしたチェックは非常に大切です。面倒がらずにきちんと確認するようにしましょう。

第8章のポイント

- ☐ まずは法規制をチェック。
- ☐ 業種によっては自主規制も確認。
- ☐ インターネットならではの注意点。
- ☐ 苦情が寄せられやすい表現にも注意。

8-2. 法規制

景品表示法

　この法律は、広告・表示における最も一般的な法律で、事業者が消費者に販売する商品・サービスの取引に用いる広告そのほかの表示が対象となります。テレビ・ラジオのCMや新聞・雑誌など出版物の広告のほか、カタログやチラシ、インターネット上の広告から口頭によるセールストークまで含まれます。このような広範囲にわたる表示の中で、不当表示（同法が禁止する表示）の種類は大きく分けて、優良誤認、有利誤認、その他誤認されるおそれのある表示の三つとなります。

①優良誤認表示
　商品・サービスの品質や内容などについて実際のものよりも著しく優良であると示す表示。一例を挙げると、「このサプリメントを飲めば1週間で5kg痩せる」と表示していたものの、実際にはそのような効果が得られない場合です。
　行政は、優良誤認表示に当たるかどうかを判断するために、表示の裏付けとなる合理的な根拠を示す資料の提出を15日という期限をもって事業者に求めることができます（不実証広告規制）。つまり、「このサプリメントを飲めば1週間で5kg痩せる」という表示の根拠の立証責任は事業者側にあり、提出した資料が根拠とならない場合や期日内に提出しない場合などは不当表示と見なされます。

②有利誤認表示
　価格や取引などにおいて、実際よりも著しく有利であると誤認さ

せる表示。たとえばノートPCの広告で、「通常価格10万円のところ、本日限り1万円」と表示（二重価格表示）されていたが、実際には通常価格とされる10万円で販売された実績はなかった場合などです。

③その他誤認されるおそれのある表示

一般消費者に誤認されるおそれがあるとして内閣総理大臣が指定する不当表示であり、「商品の原産国に関する不当な表示」や「おとり広告に関する表示」など、現在六つが定められています。

●景品類の制限・禁止

景品類とは、顧客を誘引するための手段として（目的）、取引に付随して提供する（提供方法）、物品や金銭など、経済上の利益を指します（値引き、アフターサービスを除く）。提供の方法や最高額、総額は（**図表8－①**）のように定められています。

たとえば、「今なら○○を買うと、もれなく▲▲が付いてくる」という場合は総付景品に、「商品に貼付してあるシールを20枚集めて応募すると、抽選で○○が当たるキャンペーン実施中」は一般懸賞にそれぞれ該当し、景品金額の上限などが定められています。

景品類の制限・禁止　　　　　　　　　　　　　　　　　　（図表8－①）

総付景品 ＝商品・サービスの利用者や来店者に対してもれなく提供する金品等

取引価格	景品類の最高額
1,000 円未満	200 円
1,000 円以上	取引価格の 10 分の 2

一般懸賞 ＝商品の購入者等に対し、くじなどの偶然性、特定行為の優劣等によって提供する景品類

取引価格	景品類限度額 （①、②両方の限度内）	
	①最高額	②総　　額
5,000 円未満	取引価格の 20 倍	懸賞に係る売上予定総額の 2 ％
5,000 円以上	10 万円	

共同懸賞 ＝一定の小売業者又はサービス業者の相当数が共同で実施

出典：消費者庁ホームページ「表示対策」ページより抜粋
http://www.caa.go.jp/representation/keihyo/keihin/keihingaiyo.html

●インターネット上の消費者取引

景品表示法は1962年に定められた法律であり、現在のネット上での表示を想定したものではありません。そのためデジタル特有のサービス類型（フリーミアム、クチコミサイト、アフィリエイトプログラムなど）における広告・表示について、2011年に景品表示法上の考え方が示されています[1]。

景品表示法の規制対象は、「自己の供給する商品・サービスの取引の表示」とされているため、アフィリエイトの場合であれば、アフィリエイターはアフィリエイトプログラムの対象となる商品・サービスを自ら供給するものではないので、アフィリエイトサイト上の表示は景品表示法の規制対象ではありませんが、広告主のバナー広告における表示は規制対象となります。

健康増進法

健康増進法は、国民の健康の保持増進を図ることを目的として、2003年に栄養改善法（廃止）に代わって施行された法律です。広告・表示においては、第31条（誇大表示の禁止）1項で「何人も、食品として販売に供する物に関して広告その他の表示をするときは、健康の保持増進の効果その他内閣府令で定める事項について、著しく事実に相違する表示をし、又は著しく人を誤認させるような表示をしてはならない。」とされています。

景品表示法と似ていますが、健康増進法の規制対象は「食品として販売に供するもの」に限定されます。そのため、医薬品医療機器

※1
インターネット消費者取引に係る広告表示に関する景品表示法上の問題点及び留意事項

等法では、特定保健用食品、機能性表示食品、外観上医薬品と誤認されない食品（明らかな食品）は規制の対象外ですが、これらの食品を「販売に供した」場合には、健康増進法の規制対象となります。

　また、規制対象者は「何人も」となっており、表示を行った広告主のみならず、広告を掲載、放送した媒体社、広告制作に携わった広告会社・広告制作会社も規制の対象となり得ます。そのため、たとえば健康食品メーカーの広告で「肝機能向上に役立つ○○を配合」と記載した場合、その成分がまったく入っていないか、または表示されている効果に有効な分量が入っていない場合には、掲載・放送した媒体社なども健康増進法に問われるおそれがあります。

医薬品医療機器等法

　医薬品医療機器等法は、医薬品、医薬部外品、化粧品、医療機器、再生医療等製品の広告について、人の生命や健康に直接影響することから、厳しく規制しています。

　医薬品医療機器等法第66条では誇大広告を禁止しており、効能・効果または性能・安全性に関する具体的な表現などについては、「医薬品等適正広告基準」（当時の厚生省の通知）によって定められています。

　この基準において、効能・効果や性能に関する広告・表示は、承認が必要な医薬品や医薬部外品などについては、承認を受けた範囲を超えて表示できず、承認が必要ない化粧品については、広告などに表現可能な56項目が定められています。

　また、「私も使っています」など、使用経験・体験談的広告、臨床データなどの例示、使用前・後の図画、写真などについては、効能・効果または安全性を保証する表現に該当し、禁止されます。さらに「最高の効き目」「胃腸薬のエース」「比類なき安全性」「絶対安全」など

のような最大級の表現は、事実であったとしても表示することは禁止されています。

　以上のように、「医薬品等適正広告基準」は、より実務に基づきわかりやすくルールを示しており、医薬品などの広告を制作する場合には、必ず当該基準に則って制作する必要があります。

　医薬品医療機器等法第68条では、「何人も、（中略）医薬品若しくは医療機器又は再生医療等製品であって、（中略）承認又は（中略）認証を受けていないものについて、その名称、製造方法、効能、効果又は性能に関する広告をしてはならない。」として、承認前の医薬品などの広告の禁止をしています。たとえば、健康食品の広告でサプリメントを飲むと「がんが治ります」「血圧が下がります」「食事制限、運動もせずに痩せます」など、医薬品的な効能・効果や体の構造や機能に影響を及ぼす効果をうたった場合には、「無承認無許可医薬品」と見なされ、同条に抵触するおそれがあります。

　また、医薬品医療機器等法では広告規制の対象を「何人も」としています。これは、商品の製造・販売事業者だけでなく、媒体社や広告を制作した広告会社・広告制作会社も含み、その広告に絡むすべての人が責任を問われる可能性があるため、注意が必要です。

● 広告の定義
　医薬品医療機器等法における「広告」とは、下記の三つをすべて満たしたものをいいます。
①顧客を誘引する意図が明確である（誘因性）。
②特定医薬品などの商品名が明らかにされている（特定性）。
③一般人が認知できる状態である（認知性）。

特定商取引法

　特定商取引法は、消費者トラブルを生じやすい七つの取引類型のルールを定め、事業者による不公正な勧誘行為などを取り締まることで、消費者取引の公正を確保するための法律です。7類型のうち、広告・表示の定めがあるのは、通信販売、連鎖販売取引（いわゆるマルチ商法）、特定継続的役務提供[※2]、業務提供誘引販売取引（いわゆる内職・モニター商法）で、重要事項の表示を義務付け、虚偽誇大な広告を禁止しています。

　特に通信販売は、消費者にとって広告が唯一の情報であり、購入意思の形成に影響を及ぼすため、販売金額、送料、返品特約などの表示義務が課されています。また「飲むだけで−○kg」「成功率99％」など、著しく事実に相違、または実際のものより著しく優良・有利であると人を誤認させる表示は、虚偽誇大広告に該当する可能性が高くなります。

　特定継続的役務提供では、エステの広告で「ウエスト−○cmあなたにも可能です」、学習塾の広告で「＋○点の実績」など、実際には不確実なことについて、あたかもすべての者に効果があると誤認されるような表示を行うことも、誇大広告に該当する可能性が高くなります。

医療法

　医業は医療広告ガイドライン（医業若しくは歯科医業又は病

※2　特定継続的役務提供
　エステ、語学教室、家庭教師、学習塾、パソコン教室、結婚相手紹介サービス：契約期間が2カ月を超えるもの（エステは1カ月）、いずれも契約金額が5万円を超えるもの。重要事項の表示義務はない。

院若しくは診療所に関して広告し得る事項等及び広告適正化のための指導等に関する指針）により、具体的に広告できる事項が定められています。このガイドラインは「ポジティブリスト方式」であり、定められた事項以外は広告することができません。

　また、比較広告、誇大広告、広告を行う者が客観的事実であることを証明できない内容の広告、公序良俗に反する内容の広告などを禁じています。たとえば、治療前後の写真などは、治療効果について誤認させるとして禁じられています。また、私たちがよく病院内で目にする「〇〇外来」という表示は、診療科名と誤認するという理由から、広告では表示できません。

　過去においてはバナー広告の表示のみが医療法上の広告とされ、Webページなどは「情報」として扱われていました。しかし、虚偽誇大な表現の多い美容外科などのWebページが問題視され、2013年にバナー広告やリスティング広告などから誘引された先のWebページも「情報」ではなく「広告」に該当するとの通知が厚生労働省より出され、Webページなどにおいて医療法の規制対象となる幅が広がりました。

　なお、法的拘束力のない順守事項ですが、「医療機関ホームページガイドライン」で、Webページに広告できない事項の定めがあります。

そのほか

　広告規制を含む法律はほかにもあり、規制内容も様々です。虚偽・誇大広告などを禁止する規定がある法律、広告に特定の事項の表示を義務付ける法律、広告すること自体を禁止・制限する法律などです。また、広告・表示に関する規定はなくても、価格・料金表示にかかわる消費税法、知的財産権に関する特許法・

商標法・意匠法などにも注意が必要となります。

● そのほかの法律の一例
①虚偽・誇大広告などを禁止する規定がある法律
　高齢者の居住の安定確保に関する法律、宅地建物取引業法、
　社会福祉法、種苗法、特許法
②広告への表示を義務付ける事項がある法律
　商品先物取引法、割賦販売法、金融商品取引法
③上記①②の両方を規定している法律
　貸金業法、旅行業法
④広告すること自体を禁止・制限する法律
　獣医療法、特定電子メールの送信の適正化等に関する法律、
　介護保険法、たばこ事業法、風俗営業等の規制及び業務の適
　正化等に関する法律
⑤そのほか
　職業能力開発促進法、公職選挙法、職業安定法

8-3. 自主規制

公正競争規約

　公正競争規約は、景品表示法の規定により、消費者庁長官及び公正取引委員会の認定を受けて、事業者団体などが表示または景品類に関する事項について、自主的に設定する業界ルールです。公正競争規約を運用する「公正取引協議会」の会員に適用され、会員は規約を順守することが義務となり、違反に対する措置や罰則の規定もつくることができます。また、行政は規約の内容をもとに不当表示の調査を行うため、非会員に対しても間接的に規約が影響します。

　一般消費者の利益を保護するためには、商品・サービスの選択に必要な情報が正しく提供されること、そして過大な景品類が提供されないことが大切であり、公正競争規約はその業界の商品特性や取引の実態に即して、広告やカタログに必ず表示すべきことや、特定の表現を表示する場合の基準、景品類の提供制限などを定めており、一般消費者がより良い商品・サービスを安心して選ぶことができる環境づくりのための大切な役割を担っています。

　公正競争規約を定めている業界としては、自動車業、家庭電気製品製造業、旅行業、即席めん製造業、みそ業などがあり、現在104の規約が定められています。

自主規制

　広告・表示などに関する自主基準が、業界団体、媒体社などにより多く定められています。強制力・権限は限られ、あくまでも自主規

制となりますが、業界の状況に応じて基準の策定・改廃を行いやすいという利点があります。

● 業界が定めている主な自主基準

○電気通信サービス向上推進協議会「電気通信サービスの広告表示に関する自主基準及びガイドライン」

　近年、移動体通信をはじめとする電気通信サービスは、利用者の日常生活に不可欠な基盤となっている一方で、料金メニューやサービス内容の複雑化・多様化が進んでいます。これを受け、一般消費者にとってよりわかりやすい広告・表示に努めていくことが必要であるとして、ブロードバンドインターネット接続サービス、移動体通信サービスなどに代表される電気通信サービスについての表示などを定めています。2014年には移動体通信サービスの人口カバー率算出方式変更に伴う修正及び追記、2015年にはベストエフォート型サービスの速度に関する広告表示での実効速度に関する表示方法などを追加するなど、業界の問題点を踏まえた改編を行っています。

○飲酒に関する連絡協議会「酒類の広告・宣伝及び酒類容器の表示に関する自主基準」

　酒類には致酔性という特性があることから、未成年者飲酒や飲酒運転の防止、不適切な飲酒を防止し、適正な飲酒環境を醸成するなどの社会的責任を果たす目的で制定されました。たとえば、「お酒は20歳になってから」「妊娠中や授乳期の飲酒は、胎児・乳児の発育に悪影響を与えるおそれがあります」「お酒は

適量を」「飲酒運転は法律で禁止されています」「空き缶はリサイクル」などの注意表示や起用タレントの年齢制限、テレビ広告を行わない時間帯などのほか、一定の酒類容器には酒マークを表示することなどを定めています。

○全国求人情報協会「求人広告掲載基準」

　求人広告として適正かどうかを訪問取材などで十分確認した上で掲載の可否を判断するとともに、掲載する広告は一般の誰でも理解できるよう、平易な表現を用いることに努めなければならないとされています。また、給与金額など、募集条件表示について明示しなければならない項目、できるだけ明示に努める項目についても、具体的に定めています。

○全国学習塾協会「学習塾業界における事業活動の適正化に関する自主基準」「自主基準実施細則」

　誇大広告の禁止や、根拠なく「日本一」「ナンバーワン」などの最上級表現を禁止するのはもちろんのこと、合格実績を表示する場合、対象となる生徒の範囲及び当年度実績か過年度の累計・積算かを明示することや、合格実績が事業主体全部なのか、もしくは提携塾の一部なのか、表示する情報の範囲・従属性を明確に表示するよう定めています。また、生徒の氏名、写真などを公表する場合には保護者の同意を得ることとしています。

● 媒体関連団体が定めている主な自主基準

○日本新聞協会「新聞広告倫理綱領」「新聞広告掲載基準（モデル）」

　倫理綱領では、「広告に関する規制は、法規制や行政介入をさけ広告関係者の協力、合意にもとづき自主的に行うことが望ましい」と、あくまで自主基準であることを明言した上で、「新聞広告は、真実を伝えるものでなければならない」「新聞広告は、紙面の品位を損なうものであってはならない」「新聞広告は、関係諸法規に違反するものであってはならない」と定められています。なお、掲載基準では、責任の所在が不明確なもの、内容が不明確なもの、虚偽または誤認されるおそれがあるものなど、計21項目について広告掲載しないとしています。

○日本民間放送連盟「放送基準」

　放送法は放送事業者に「番組編集の基準」（番組〔広告含む〕基準）の策定と公表を求めており、連盟の「放送基準」は、多くの民放社の番組基準に取り入れられています。「放送基準」では、「広告の責任」として「広告は、真実を伝え、視聴者に利益をもたらすものでなければならない」「広告は、関係法令などに反するものであってはならない」「広告は、健全な社会生活や良い習慣を害するものであってはならない」などと定めています。
　また、新聞などの自主基準と同様に「広告放送であることを明らかにしなければならない」「責任の所在が不明なものは取り扱わない」など、広告の責任主体を明確にする定めもあります。
　さらに、CMの量についても、1週間の総量と番組ごとの量を規定しています。

○日本インタラクティブ広告協会「インターネット広告倫理綱領」「インターネット広告掲載に関するガイドライン集」

　ガイドラインでは、インターネット広告の掲載可否判断の論拠を提示しています。インターネット広告の定義、その範囲については、「広告媒体の広告掲載枠に掲載される広告そのもの」と定めていますが、掲載判断の過程では「リンク先での表示内容も十分考慮するべきである」とされています。そのほか、広告主体者の明示、広告であることの明示、新しい広告手法や新しい端末の特性に対する配慮などが定められています。

　そのほか、個別に各々の広告自主基準を定めている事業者も多いため、関連の広告を制作・考査する際には参考にしてください。

8-4. デジタル関連トピック

インターネット通販

　インターネット広告に関する問題のうち、JAROによく苦情が寄せられるのは、健康食品や化粧品のインターネット通販におけるサイトの表示に関する意見です。

　たとえば「飲むだけで −10kg」などとうたうダイエットサプリメントのネット通販サイトの広告は、表示に合理的な根拠がなければ、景品表示法の優良誤認や健康増進法の誇大広告に該当するおそれがあり、また、根拠のあるなしにかかわらず、医薬品でないものが医薬品的な効能・効果を標榜する表示を行うと、医薬品医療機器等法

に抵触するおそれがあります。さらに、通信販売なので、特定商取引法の規制も受けます。

　通販サイトへは、キーワード検索で直接サイトへたどり着く以外にも、リスティング広告、バナー広告、インフィード広告、メールマガジンなどを介してサイトにたどり着くことが多いようです。テキストやバナーなどによる広告は、小さなスペースに印象的なキャッチフレーズのみが表示され、必要な情報が書かれていない場合がほとんどなので、それだけで契約に結び付くことはあまりないでしょう。しかし、景品表示法等の対象とならないわけではありません。リンク先のランディングページの表示と合わせて、一連の広告・表示と見なされるおそれがあります。

　インターネット通販については、通信販売の広告を規制する特定商取引法上の注意点があります。11条においては、事業者の氏名（名称）、販売価格、返品特約など、広告に記載すべき事項が定められています。特に、返品に関する表示はトラブルになりやすい項目なので、サイトのわかりやすい場所に明確に返品条件を記載する必要があります。また、第12条では誇大広告が禁止されています。

　ほかにも、インターネット通販は簡単にクリックして申し込みが成立してしまうので、購入するつもりがないのに誤って注文してしまうことがないよう、「インターネット通販における『意に反して契約の申込みをさせようとする行為』に係るガイドライン」が設けられています。

　インターネットオークションで、法人・個人を問わず営利の意思を持って反復継続して販売を行う場合、出品者は「事業者」に該当し、特定商取引法の規制対象となります（法人はもちろんのこと、個人でも業として行っていると見なされる場合は景品表示法の規制対象にもなり得ます）。

　また、SNSサイトに掲載されていた化粧品の広告でトラブルに遭っ

たが、相手は海外の事業者だった、という事例も報告されています。海外の販売業者などが日本国内在住者向けに行う広告・表示も、景品表示法、医薬品医療機器等法、特定商取引法等の対象となり得ます。

クチコミレビュー、芸能人ブログ　ステマ問題と法規制

　クチコミサイトやショッピングサイトの商品レビューは、広告主とは関係のない第三者による自由な書き込みが支持をされているものであり、芸能人などが自身のブログなどで商品を紹介すればそれなりに影響力が期待できるでしょう。このように、広告主や販売当事者ではない人が、商品について推薦やコメントをするクチコミサイトなどについては、どのような注意が必要でしょうか。

　まず、クチコミサイトなどと切り離せない問題として「ステルスマーケティング（ステマ）」があります。2012年に起きたグルメサイトへのクチコミ代行業者によるやらせ投稿やペニーオークション詐欺事件によって、ステマというワードは一気に社会に広まりました。ステマは、一般には消費者に広告であることを悟られないように行うやらせの宣伝行為をいい、クチコミサイトなどで行われやすいようです。消費者をだます行為であるため道義的に問題があり、その事実が発覚した際には、広告主はもとより、関連した事業者、著名人などまでもが、信頼を失墜させるリスクがあります。

　クチコミなどの業界自主基準としては、クチコミの健全な発展を目的として活動するWOMマーケティング協議会の「WOMJガイドライン」があり、消費者行動偽装の禁止や関係性の明示などが定められています。また、芸能人が利用するブログサービスなどでは、広告であることが一目でわかる公認マークを導入しているところもあります。

　次に、法規制についてですが、「広告であるのにその旨を明示しないこと」や「やらせ」といったステマ行為自体を規制する一般的な法律は実は、ありません。消費者庁から公表されている「インターネット消費者取引に係る広告表示に関する景品表示法上の問題点及び留意事項」では、「クチコミ代行業者などを通じてやらせのクチコミを投稿させ、実際はそうではないのにあたかも多数の消費者から好意的な評価を得ているかのように表示すること」や「広告主がブロガーに依頼して記事を執筆させ、自社の商品などについて根拠のない優良性を表示させること」などのケースは景品表示法上の問題に該当するおそれがあるとされています。このように景品表示法が問題にするのは、クチコミなどの内容の真実性についてとなります。

　クチコミなどの対象商品が、化粧品や健康食品である場合は、別途注意が必要です。医薬品や化粧品、健康食品などは、医薬品医療機器等法で規制されます。同法の規制対象となる者は「何人も」となるので、クチコミなどの内容に「シミが消えた」「飲んだら痩せた」などの医薬品的な効能・効果を標榜すると、広告主やクチコミをした本人が同法違反に問われるおそれがあります。なお、医薬品は、効能・効果に関する商品レビューが禁止されていることにも注意が必要です。

アフィリエイト広告

　アフィリエイト広告は、個人や法人のサイトに広告を掲載する成果報酬型の広告をいい、商品体験レポートのほか、ランキングサイト、掲示板のまとめサイトを装った記事、ポイントサイト（または、おこづかいサイト）などの形を取ることが多いようです。また、ポイントサイトと仕組みは同じで、ゲーム内のコインやアイテムなどのインセンティブを付与することでアプリのダウンロード数を稼ぐ手法は

リワード（報酬）広告と呼ばれています。アプリストアの中には、不正にダウンロード数を多く見せることを防ぐ目的で、「アプリダウンロードを促進するために、ゲーム内アイテムの提供を行う行為の禁止」という規定を設けているところもあります。

　広告主にとって、安く、手間もかからず、すぐに成果がわかるアフィリエイト広告は、使い勝手が良い一方で、自社の広告がどのようなサイトに掲載されているか把握しきれないという問題もあります。知らずに悪質なサイトに広告が掲載されている可能性もないとはいえません。

　特にポイントサービスに関しては、JAROにも苦情が寄せられています。日本インターネットポイント協議会がガイドラインを設けているものの、悪質なポイントサイト運営者であっても、法を根拠に問題を指摘するのは難しい状況です。典型的なやり口は、まずはユーザーにメール登録をさせ、大量ポイントやゲームのレアアイテムなどが「必ずもらえるキャンペーン」の告知を頻繁に送り付けます。ユーザーがキャンペーンサイトに行き、指定された有料アプリなどをダウンロードし、いざ大量ポイントがもらえると思って達成報告を行うと、「プレゼントは抽選である」旨が説明される、というものです。

　「（大量ポイントが）必ずもらえる」や「換金すれば5万円相当の大量ポイントプレゼント」という表示は、それぞれ虚偽の表示、景品規制違反であるように思われます。しかし、消費者庁の「インターネット消費者取引に係る広告表示に関する景品表示法上の問題点及び留意事項」によれば、アフィリエイターは消費者と広告主が結ぶ契約の際にサイトを経由させているだけで、アフィリエイト広告の対象となる商品・サービスを自ら供給する者ではありません。そのため、アフィリエイターによるアフィリエイトサイトの表示は、景品表示法で定義される「表示」には該当せず、景品表示法上の問題が生じる

ことはないとの判断が示されています。

　アフィリエイトについては、「100％の勝率」などとうたった「FX常勝バイブル」という情報商材に関して、FX取引業者（広告主）と広告を掲載したアフィリエイター（情報商材の発行元）の双方に損害賠償請求を認めた判例があります（東京地裁　平成20年10月16日判決）。

行動ターゲティング広告とパーソナルデータ

　インターネットユーザーの情報やWebサイトの内容を分析して、ユーザーに適していると思われる広告を表示するターゲティング広告という手法があります。インターネット上での行動履歴などの情報を利用して広告を表示することを行動ターゲティングといいます。以前に購入した化粧品のバナー広告やテキスト広告が、ほかのサイトの広告枠でも表示されるリターゲティング広告も、行動ターゲティング広告の一種です。

　JAROには、「一度PCでサイトを訪れた商品の広告がスマートフォンなどデバイスを替えてもどこまでも追いかけて表示され不快だ」といった意見等が寄せられます。自分を特定したかのような広告が方々で表示されれば、薄気味悪さを感じるユーザーもいるかもしれません。行動ターゲティング広告の問題は、自分のどのような情報が、いつ、誰に取得されたのか、その情報を誰がどのように利用しているのか、不安や不信感が生じる点にあります。

　そこで、ユーザーが安心してインターネット広告を利用できる環境を整えることを目的として、日本インタラクティブ広告協会（JIAA）は、「行動ターゲティング広告ガイドライン」及び「プライバシーポリシー作成のためのガイドライン」を策定しています。前者は、行動ターゲティング広告における行動履歴情報の取り扱いに関する

原則を定めたものであり、後者は、行動ターゲティング広告を含むインターネット広告全般について、個人に関する情報の取り扱い基準を提示するものです。

さらに、JIAAでは、行動ターゲティング広告に共通のアイコンを表示する「JIAAインフォメーションアイコンプログラム」を実施しています。ユーザーが閲覧しているサイトの広告枠に表示される広告は、サイトを運営する媒体社ではなく広告配信事業者がターゲティングして表示している場合もあります。そこで、広告に表示されたアイコンをクリックすると、誰が、ユーザーのどのような情報をもとに表示しているのかを確認することができ、その行動ターゲティング広告の表示を停止したい場合は、オプトアウトの手続きができるようになっています。JIAAは前述の二つのガイドラインを順守することを条件に、アイコン使用に関するプログラムの認定を行っています。

2014年には個人情報保護法が改正されました。同法は「個人情報の有用性に配慮しつつ、個人の権利利益を保護することを目的とする」と規定しています。特定の個人を識別できないインターネットでの行動履歴などの情報についても、取り扱いによってはプライバシー上の懸念が生じ得ることに十分配慮した上で、利活用されることが望まれます。

ネイティブ広告とノンクレジット記事広告問題

編集記事などと同じ体裁で広告が表示されているので、ユーザーに記事と同じような感覚で触れてもらえる「ネイティブ広告」。JIAAが2015年3月に公表した「ネイティブ広告の定義と用語解説」で、ネイティブ広告は「デザイン、内容、フォーマットが、媒体社が編集する記事・コンテンツの形式や提供するサービスの機能と同様でそれらと一体化しており、ユーザーの情報利用体験を妨げない広告」

と定義されました。

　また、同時に公表された「ネイティブ広告に関する推奨規定」では、ネイティブ広告を扱う媒体社・広告主・ネットワーク配信事業者が、ネイティブ広告のタイプごとに行うべき、①広告である旨の表記、②広告主体者の明示、③広告審査、の三つの項目について、別に定める「インターネット広告掲載に関するガイドライン集」に基づく原則が示されています。

　JAROには、「サイトの記事と思って読んでいたものが、内容的にはどう見ても広告である」といった苦情がしばしば寄せられます。そのうちのいくつかは、実際には「PR」などの表示があるネイティブ広告であり、表示が小さく見にくい文字で書かれていたため見落とされていたというケースでした。表示をするのであれば、きちんと認識される見やすさで記載すべきと考えます。JIAAの規定でも、記事調に編集されたタイアップ広告に表示する場合には、「表示する位置、大きさ、色、形状など、わかりやすい表示になるよう留意する」とされています。

　そして、広告クレジット表記がない記事については、事実関係の調査を行わない限り、編集記事なのか、記事に見せかけたノンクレジットの記事広告なのかの判別はつきません。2015年にはインターネット上でも、ネット媒体に掲載された記事について「ノンクレジットのステマ記事ではないか」とたびたび話題となり、掲載にかかわった企業がノンクレジットの記事広告であったことを認め、謝罪する事態も起こりました。一方で、ノンクレジットの記事広告との決別を宣言する媒体も増えています。

　「広告であることを明示しないこと」自体を問題として規制する一般的な法律は、現時点で日本にはありませんが[※3]、ノンクレジット記事広告は、広告主、媒体社の信頼を著しく損ねるおそれがあります。

業界全体でユーザーの信頼を高める努力が求められているといえるでしょう。

8-5. 苦情が寄せられやすい表現

人権侵害・差別

　人権侵害や差別、ジェンダーに関する表現については、広告制作時によくよく注意が払われる分野と考えられますが、苦情自体は増加傾向にあります。差別表現については、差別を受ける側の気持ちにならなければ、苦情が来ることの予見は難しいでしょう。広告を世に出してから、制作側の思ってもいない形で苦情が寄せられるケースが多いようです。

　たとえば、制作側の意図として「働く女性を応援する」というメッセージを込めたものであったとしても、女性が家事、仕事、育児にフル回転で頑張っているという描写は、「現代女性がすべての事柄において頑張るべきという固定観念の押し付けのように感じる」との苦情が寄せられたりします。また、子供や女性が殴られる表現はテレビCMなどであまり見られませんが、男性が女性に殴られる表現はたまに見られます。これが「男性差別」「男性蔑視」と捉えられ、苦情になるケースも少なくないようです。男性だけが「臭い」ような

※3
　なお、テレビ・ラジオ放送は、放送法第12条（広告放送の識別のための措置）によって、「放送事業者は、対価を得て広告放送を行う場合には、その放送を受信する者がその放送が広告放送であることを明らかに識別することができるようにしなければならない」との規定がある。

表現も同様です。

　また、人種差別を連想させるもの、特定の病気に対する配慮が欠ける表現など、差別に関連した苦情も多くなっています。

児童・青少年への悪影響

　広告でのマナーや言葉遣い、態度の悪さなどを見て「子供がまねをするので問題だ」と感じる人は少なくありません。下品な流行語や造語の多用や、インパクト重視の非道徳的な行為は、批判を招きがちです。

　テレビCMから流行語が生まれるケースも多く、視聴者に少なからず影響を与えることは事実です。CM表現をまねすることで、子供たちに危険が及ぶことはないか、言葉や行為に道徳的な問題はないのかなど、十分に考慮する必要があります。

　また、以前から、セクシーな描写については、「子供への悪影響がある」という理由で嫌われやすい傾向にあります。ターゲットである商品購入層に子育て中の女性が多い場合などは、特に注意が必要です。

不快

　とにかく「不快な表現は見たくない」という意見です。夜寝る前に思い出してしまうような恐怖映像、気味の悪いもののアップ、汚い食べ方、実際のものと勘違いするテレビCM内のチャイム音、地震速報と似ている警報音などが挙げられます。

　人によって嫌いなもの、苦手なものはさまざまです。多くの人に受け入れられる表現ばかりでは、面白い広告制作は難しくなるかもしれません。しかし、多種多様な人の立場を考え、表現が適切であるかどうかを熟慮するという視点は、広告制作において必須のもの

だといえるでしょう。

8-6. 広告規制のまとめ

● 媒体社、広告会社などが規制対象になる法律も

　法規制では、業種にかかわらず適用される景品表示法をまずチェックし、業種や取引形態によって、健康増進法、医薬品医療機器等法、特定商取引法などもご確認を。健康増進法や医薬品医療機器等法は、規制対象が広告主だけではないため、媒体社や広告会社・広告制作会社も広告・表示をしっかりと確認しましょう。

● 様々な業界で設定されている広告の自主基準

　様々な業界が広告・表示の適正化のために自主基準を設けています。また、消費者庁などから認定された公正競争規約は、表示規約、景品規約など、合わせて現在104あります。

● 苦情が寄せられやすい表現もある

　法規制・自主規制には違反していないものの、「不快」「配慮に欠ける」「差別だ」などの苦情が多数寄せられてしまう表現があります。ケースによっては騒動になったり、改稿・中止という判断に至ることもあるので、注意が必要です。

● 広告を制作する際には

　参考となるWebページを次ページに挙げています。相談機関なども積極的にご利用を。

8-7. 参考となるWebサイト

行政機関

◇表示対策（消費者庁）http://www.caa.go.jp/representation/

◇食品表示企画（消費者庁）http://www.caa.go.jp/foods/

◇取引対策（消費者庁）http://www.caa.go.jp/trade/

◇特定商取引法ガイド（消費者庁）http://www.no-trouble.go.jp/

◇医療法における病院等の広告規制について（厚生労働省）
http://www.mhlw.go.jp/stf/seisakunitsuite/bunya/kenkou_iryou/iryou/kokokukisei/

◇「健康食品」のWebサイト（厚生労働省）
http://www.mhlw.go.jp/stf/seisakunitsuite/bunya/kenkou_iryou/shokuhin/hokenkinou/

◇医薬品等の広告規制について（厚生労働省）
http://www.mhlw.go.jp/stf/seisakunitsuite/bunya/kenkou_iryou/iyakuhin/koukokukisei/

◇消費・安全（農林水産省）http://www.maff.go.jp/j/syouan/

◇環境ラベル等データベース（環境省）
http://www.env.go.jp/policy/hozen/green/ecolabel/

◇酒類の表示（国税庁）
http://www.nta.go.jp/shiraberu/senmonjoho/sake/hyoji/mokuji.htm

◇健康食品ナビ（東京都）
http://www.fukushihoken.metro.tokyo.jp/anzen/supply/

団体そのほか

◇国民生活センター http://www.kokusen.go.jp/

◇全国公正取引協議会連合会（公正競争規約一覧がある）
　http://www.jfftc.org/

◇日本インタラクティブ広告協会　http://www.jiaa.org/

◇ＷＯＭマーケティング協議会　http://womj.jp/

◇日本広告審査機構　http://www.jaro.or.jp/

2016年7月現在

＜了＞

第2部 関連法務

8-8. 契約について

契約書の役割

　契約とは、企業や個人間における当事者の合意により成立するものです。契約は、口頭での合意でも成立します。しかし、口頭での合意は、のちにトラブルになったあと、「言った／言わない」の話になります。裁判では、その契約の成立を主張した側の当事者が、その契約が存在したことを原則として立証しなければなりません。そして、この際の立証は「十中八九その契約が存在しただろう」と考えられるほどの高いハードルが求められます。この立証を可能とするものとして、双方の署名または記名押印がある契約書というものが存在しています。口頭の合意は、録音でもしておかない限り、なかなか立証することができません。しかし、契約書があれば、それが偽造などされていない限り、その契約が存在したことを立証できるのです。ここに契約書を作成する意義があります。

　契約の成立を主張立証する側にとって、当事者双方の署名または記名押印がある契約書は重要なものですが、契約書がない場合に一切、契約の存在が認められないかというとそういうわけではありません。特に昨今ではメールという便利なツールがあり、当事者双方がどういうやり取りを行い、合意に至ったのかが客観的な証拠として残っているケースも少なくありません。契約書を交わさない場合、あるいは契約書を交わす予定だが間に合っていない場合などにおいて、当事者双方にとって大事な条件をメールやFAXなどの

客観的な証拠で残しておくことはトラブル防止に役立ちます。トラブル防止のためにメールを上手に活用しましょう。

　なお、契約は口頭でも成立すると書きましたが、後述する下請法という法律によって、発注者が受注者よりも一定程度、力関係が大きいと判断される場合には、書面作成の義務が生じることがあります。

● 宣伝広告の契約において特に注意すべき点

　宣伝広告に関する契約の多くが、第三者に宣伝広告に関するデザインや撮影などを発注する業務委託契約がほとんどです。このような宣伝広告の「業務委託契約」において、特に重要になるのが、①委託する業務の内容、②対価・報酬（金額、支払日など）、③経費の負担、④著作権などの知的財産権の取り扱い、⑤保証、免責などです。

①委託する業務の内容については、可能な限り、業務内容を明確化しておくことが、のちのトラブル防止にとって役立ちます。しばしば、これは委託した業務に含まれるかそうでないかが発注者と受託者との間で食い違うからです。発注者としては、このようなことがないように、可能な限り、業務内容を明確化しておくことが大事です。ただし、契約時にあらかじめ業務内容を明確化できない場合も現実問題として多いと思います。そのような場合に備えて、発注者としては、委託した業務を広範に解釈できるように、委託業務を列挙した上で、「第〇号　上記各号に規定した業務に付随または関連する業務」などと広めに規定しておくことがあります。

②対価・報酬については、金額、支払方法、支払期限などを明確化しておくことが重要です。支払方法では、一括なのか、分割なのか、銀行振込なのかそうでないのか、振込手数料はいずれが負担す

るのかなどが問題になります。海外との取引の場合には、円建て
なのか、ドル建てなのか、どの時点の為替レートを適用するのか、
為替・送金手数料で大きく金額が変わることがあるので、この辺
りも明記しておくことが望ましいです。

③経費の負担については、交通費、宿泊費、機材費などの経費は上
記対価や報酬に含んでいるのか、そうではなく別途支給されるの
か、支給される場合にそれはいつ支払われるのかなどを明確化し
ておくことが望ましいです。また、②対価・報酬と③経費の負担
の区別がなされていない場合も珍しくないので、この点をしっか
り区別して記載するようにしましょう。

④著作権などの知的財産権の取り扱いについては、委託業務の過
程で出来上がった成果物（最終成果物のみならず中間成果物を
含む）の著作権などの知的財産権を発注者、受託者いずれに帰
属するのかを明記しておくことが重要です。発注者としては、受
託者からのこれらの知的財産権の譲渡を受けておくことが望まし
いです。しばしば広告の世界では発注者側も、お金を支払って
いるからという理由で安心して、契約書を作成していないことが
見受けられますが、これは極めてリスクの高い状況です。

　著作権の項でも述べますが、映像を除く多くの成果物は、特別
な合意がなければ原則としてクリエイター側に著作権が発生す
るというのが著作権法の考え方です。したがって、発注者として
は契約書などで著作権の譲渡を受けていることを明確化してお
かないと、あとでクリエイターに権利が発生しており、発注者、そ
してクライアントに権利が発生していないという事態も起こり得
ることを認識しておくことが肝要です。

　一方で、今の時代においてクリエイターやユーザー、一般消費

者の権利意識も高まっていることから、対価なしに権利の譲渡ありきで考えると炎上するなどのリスクもあります。特に、ユーザーや消費者からの投稿型のコンテンツを活用するような広告の場合が挙げられるでしょう。発注者が著作権の譲渡を受けず、受託者から有償または無償の利用許諾（ライセンス）を得る場合には、利用の「目的」と「範囲」を明確化しておくことが重要です。

　特に、二次利用の際に、どこからの利用について対価が発生するのかはトラブルになりやすいので注意しましょう。さらに、著作権の譲渡を受ける場合でも、利用許諾（ライセンス）を受ける場合でも、著作者の著作者人格権を行使しないという不行使特約を入れておくことも重要です。

⑤保証については、クリエイターなどの受注者が、その成果物がオリジナルのものであることや、第三者の著作権を含む知的財産権などの権利を侵害していないことを保証してもらうことが発注者としては重要になります。昨今では第三者の著作権を含む知的財産権の侵害について、世間を賑わすほどのトラブルに発展する機会も多いため、特に注意が必要になります。

　また、制作物について第三者から著作権侵害などのクレームがあった場合、クリエイターなどの受注者が責任を持ってクレームに対応し、これによって発注者やその取引先が損害を受けた場合には、その損害賠償を求めることができる規定を置くことも多いです。

　契約書は、様々な事項が難しい言葉で書かれているように見えますが、上記のようにポイントを絞って確認すれば意外とシンプルに整理することが可能です。主語は「甲及び乙」などと「双方」になっておらず、「甲は」あるいは「乙は」と片方だけになっている条項については注意深く検討する、というのも一つのテクニッ

クかもしれません。そういう主語が片方だけになっている条項は、片方に有利または不利になっていることが多いからです。

契約に関するポイント

● 契約書はあったほうがベターですが、契約書をくつらない場合でも「言った／言わない」の話にならないように、契約内容についてはメールなどで残すようにしましょう。

● 契約においては、①委託する業務の内容、②対価・報酬（金額、支払日など）、③経費、④著作権などの知的財産権の取り扱い、⑤保証、免責などについて、特に注意して明確化しましょう。

● 契約書は、平面的に見るのではなく、立体的にポイントを絞って見ていきましょう。

8-9. 個人情報保護

個人情報保護の概要

　個人情報保護法は、個人情報を保護するために、事業者に対し個人情報保護の取得または利用について義務を規定した法律です。近年、インターネットやデジタル技術の進展によって様々な個人情報を含むデータが大量に収集され、処理・解析され、利用されています。個人情報保護法の目的は「個人情報の有効利用」と「個人情報の保護」の双方のバランスを図ることにあります。

広告分野において個人情報は消費動向を把握するのに非常に有用かつ魅力的な情報である一方で、個人情報の目的外利用や情報漏洩といった、情報セキュリティー面のリスクの増大に対して社会的な関心が高まっています。昨今、企業の個人情報の漏洩事件がメディアを賑わしているように、この分野でいったん事故を起こせば、直接的、間接的に、企業は多大なダメージを受けることになるので、宣伝広告の分野においても個人情報保護の観点は欠かせません。

　個人情報保護法は、個人情報を保護するという観点から見ると、基本レベルの義務内容しか規定されていません。個人情報を取り扱う事業者は、個人情報保護法への対応に加えて、プライバシーマークなどの個人情報保護や情報セキュリティー分野の第三者認証を取得するなど、法律が求めるよりもさらに多くの取り組みが必要となっているのが現状です。

　また、平成27年9月に改正個人情報保護法が公布され、施行は公布から2年以内とされています。この改正および施行については、昨今個人情報やプライバシーの保護を強く求めるEU（欧州連合）の基準に合わせる必要も出てくる可能性があり、その動向について宣伝広告分野の担当者も注視する必要があります。

● 宣伝広告における個人情報保護において注意すべき点

　宣伝広告においても、ライフログ[※4]を活用したマーケティングや、TwitterやFacebookを利用したキャンペーンなどのように、一般消費者やユーザーの個人情報を取得するような場面が増えています。

※4　ライフログ
　　生活（ライフ）の記録をデータとして残すこと。総務省WG(ワーキンググループ)では「パソコンや携帯端末などで取得・蓄積された活動記録（行動履歴）情報」と定義されており、Web訪問先やアクセス記録、電子商取引の決済履歴、位置情報の3点を挙げている。

個人情報保護法上の「個人情報」とは、生存する個人を特定する情報を言いますが、ほかの情報と相まって個人を特定する場合であっても「個人情報」に該当し得ると考えられています。このように、一般に考えられているよりも「個人情報」に該当し得る情報はかなり広範であるというのが実情です。

また、昨今の個人情報・プライバシー保護の強化の流れから、宣伝広告においても、ステルスでの情報取得は可能な限り避けるべきという風潮があり、取得・利用する側も可能な限り取得情報やその利用目的を明示することが望ましいといえるでしょう。

また、TwitterやFacebookなどの外部サービスの利用規約やプライバシーポリシーとの平仄を合わせることも必要になります。ただし、これらの外部サービスは一部が英語になっていることがあるなど、読解が難しいケースも少なくありません。場合によっては、法務部や弁護士など外部の専門家との連携も必要になるでしょう。

個人情報保護のポイント

● 宣伝広告の分野においても、個人情報・プライバシー保護の観点が重視されてきています。

● ユーザーや消費者の情報を取得・利用する場合には、可能な限り、どのような情報を取得しているのか、その情報をどのような目的に利用するのかを明示して同意を取得するように心掛けましょう。

● 平成29年9月までに施行される予定である改正個人情報保護法の動向に注意しましょう。

8-10. 知的財産権（著作権、商標権、不正競争防止法、肖像権その他）

知的財産権の概要

　財産（権）は、形のある動産及び不動産が一般的ですが、人間の精神活動の結果として創作されるアイデアなど無形のものの中にも、財産的価値が見いだされるものがあります。このような人間の知的な活動から生じる創造物に関する権利を知的財産権と呼んでいます。

　近年、知的財産権という言葉がクローズアップされることも多いですが、これは大きく二つに分けることができます。一つは特許権、実用新案権、意匠権、商標権といった「産業財産権（工業所有権）」。そして、もう一つが文化的な創作物を保護の対象とする「著作権」で、これは著作権法という法律で保護されています。

広告制作物の構成要素を取り巻く知的財産権（主要例）　　（図表8−②）

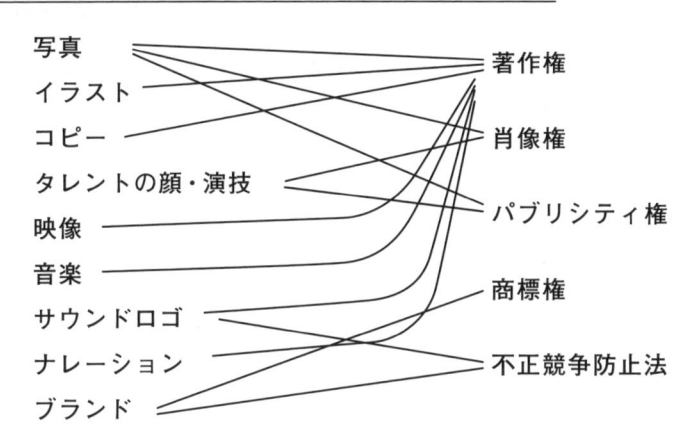

写真
イラスト
コピー
タレントの顔・演技
映像
音楽
サウンドロゴ
ナレーション
ブランド

著作権
肖像権
パブリシティ権
商標権
不正競争防止法

出典：著者資料をもとに編集部作成

著作権の概要

　著作権は、思想または感情を創作的に表現した「著作物」を保護します。「著作物」は、文芸、学術、美術、または音楽の範囲に属するものとされています。

　創作的に表現したといえるには、他人のものの模倣ではなく、作者の個性が表れていること（オリジナリティがあること）が必要になります。それは、誰が表現しても同じようなものになってしまう、ありふれた表現ではないことを意味します。必ずしも芸術的に高度である必要はなく、その作者の個性が表れていれば足りるので、子供が描いた絵であっても著作物になり得ます。

　著作物は「表現」である必要があるため、事実、データ、具体的な表現に至る前のアイデアなどは保護されません。著作権は、権利を得るための登録などの手続きをなんら必要としません。著作物を創作した時点で自動的に権利が発生し（無方式主義といわれます）、以後、著作者の死後50年まで保護されるのが原則です（欧米は死後70年まで保護している国が多いです）。

　特許権、商標権、意匠権のように、先に登録した者だけに権利が発生するのではなく、ある作品が別の作品のあとに偶然創作されたとしても、それぞれに別個の著作権が発生します。

● 著作権侵害

　盗用問題、すなわち著作権侵害があるかを検討する際、一般的にすぐに二つの作品が「似ている／似ていない」という話に飛びつきがちです。しかし、著作権侵害が成立するために、①元の作品が著作物であること、②元の作品に依拠して作成されたこと、③元の作品と類似していること、④著作権法が定める例外規定に該当しないこと、が必要になります。法律的には、このような検討のハードルを

経て、初めて著作権侵害が成立するのです。

　①については、事実、データ、具体的な表現に至る前のアイデア
にとどまるもの、誰が表現しても同じものになってしまうような、あ
りふれた表現として創作性が認められないものは著作物として認め
られません。

　②については、著作権法では、偶然生まれた同一の作品または類
似した作品を著作権侵害とはしません。これは、人間は0から1を
生み出すことは難しく、ほぼあらゆる新しい表現が過去の作品の模
倣から生まれていることを前提に、模倣を悪とはしていないからです。
また、同じ時代を生きている表現者であれば無意識的に同じような
作品を生み出すことはあり得るからです（このことは表現がシンプ
ルになればなるほど妥当する事実です）。したがって、著作権法に
おいて侵害が成立するためには、元の作品にアクセスし、それを参
考にして作成したことが求められます（これを「依拠性」といいます）。

　③「模倣を悪としない」ことと並行して、模倣したうえで自分の新
しい表現として昇華していれば著作権侵害は成立しません。元の
作品の本質的な特徴が残ってしまっており、両作品が類似している
場合に初めて著作権侵害が成立します（これを「類似性」といいま
す）。②と③の検討順序は順不同です。③の類似性が強く認められ、
「ここまで類似しているのであれば、それは元の作品にアクセスした
可能性が高い」と認められれば、②の依拠性が事実上、推定される
こともあります。
　最後に、④の例外的に利用が認められている著作権法上の例外
に当たらないかをチェックします。たとえば、私的使用目的の複製
や、引用、教育目的、非営利目的での利用の場合などがありますが、

著作権侵害を見極めるフロー　　　　　　　　　（図表8−③）

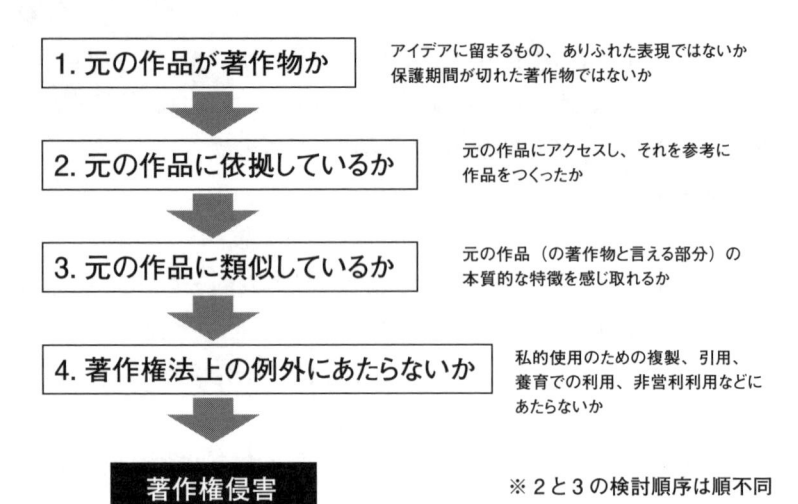

1. 元の作品が著作物か　　アイデアに留まるもの、ありふれた表現ではないか
　　　　　　　　　　　　保護期間が切れた著作物ではないか

2. 元の作品に依拠しているか　　元の作品にアクセスし、それを参考に
　　　　　　　　　　　　　　　作品をつくったか

3. 元の作品に類似しているか　　元の作品（の著作物と言える部分）の
　　　　　　　　　　　　　　　本質的な特徴を感じ取れるか

4. 著作権法上の例外にあたらないか　　私的使用のための複製、引用、
　　　　　　　　　　　　　　　　　　養育での利用、非営利利用などに
　　　　　　　　　　　　　　　　　　あたらないか

著作権侵害　　　　　　　※2と3の検討順序は順不同

出典：著作資料をもとに編集部作成

それぞれの場合において、いくつか満たさないといけない条件があるので注意が必要です。

　なお、著作権が放棄された作品や保護期間が過ぎた作品については、パブリックドメイン（誰もが自由に利用できる作品）として、これを著作権者に無断で利用しても著作権侵害は成立しません。

● 著作者が持つ権利

　著作物を創作した者は、原則として著作者として著作権を持ちます。つまり、著作者と著作権者の地位が併存していることになります。しかし、著作者と著作権者が分かれる場合があります。①会社などにおいて職務上著作物を創作した場合、②映画の著作物の場合、③著作者が死亡して相続された場合、④著作権が譲渡された場合は、著作者以外が著作権を持つ著作権者になります。

著作者は、著作権という財産的な権利とは別に、創作者としての人格的な利益を保護する著作者人格権という権利を有します。著作者人格権には、①公表権（著作物を公表するかどうか決められる権利）、②氏名表示権（著作物に著作者名を表示するかどうか決められる権利）、③同一性保持権（著作物をその意思に反する形で勝手に改変されない権利）があります。

● 保護期間

　著作権は、著作物の創作と同時に発生し、原則として、著作者の生存中及び著作者の死後50年までが保護期間とされています（映画は公表から70年）。保護期間が過ぎた著作物は「パブリックドメイン」となり、誰でも著作権者の許諾なく自由に利用することができます。ただし、その場合でも、みだりに改変を行うと著作者の遺族からクレームを受ける可能性があるので注意が必要です。

● 無断で著作物を利用できる場合

　著作権法は、著作物を創作した著作者や著作権者の権利を保護しつつも、著作物を利用する側の便宜にも配慮して、文化の発展を図っています。したがって、著作者や著作権者の利益に侵害しない範囲において、一定の条件の下で、著作権者の許諾なく、著作物を利用できることを認めています。先述の④著作権法上の例外規定で定められている場合がこれに該当します。たとえば、私的使用のための複製、引用、教育目的や非営利目的のための利用について例外規定を設けています。ただし、それぞれの場合では条文で定められた条件があるので、その条件に合わせた利用が必要になります。

商標権の概要

　商標とは、事業者が、自己（自社）の取り扱う商品やサービスを、他者のものと区別するために使用するマーク（標識）です。

　私たちは、商品を購入したりサービスを利用したりする時、企業のマークや商品・サービスのネーミングである「商標」を一つの目印として、他の商品・サービスと識別して選んでいます。そして、事業者が営業努力によって商品やサービスに対する消費者の信用を積み重ねることにより、商標に「信頼がおける」「安心して買える」「かわいい」「かっこいい」といったブランドイメージが付いていきます。商標は、「もの言わぬセールスマン」と表現されることもあるほど、商品やサービスの顔として重要な役割を担っています。

　このような、商品やサービスに付ける「マーク」や「ネーミング」を財産として守るのが「商標権」という知的財産権です。商標には、文字、図形、記号、立体的形状やこれらを組み合わせたものなどのタイプがあります。また、平成27年4月から、動き商標、ホログラム商標、色彩のみからなる商標、音商標及び位置商標についても、商標登録ができるようになりました。

　商標権は、登録する分野（区分）を指定したうえで、特許庁に出願し、審査を経て、登録料を支払って初めて認められます。商標権が発生すると、権利者は登録した区分（これを「指定商品」または「指定役務」と言います）と同一または類似の範囲に限り、登録商標の使用を独占することができます。この独占権は、同一または類似の商標に及びます。ただし、商標権は商標として、つまり商品・サービスの目印として使用されていない場合には及びません。たとえば、自社商品のチラシに、ある商標が使われているものの、その使用が明らかに他社の商品について言及した記述や説明に過ぎない場合、このような使用は商標の本来の機能である商品・サービスを選ぶ際の識別機

能と果たしているとはいえないので、実質的には商標としての使用にあたらないと考えられるからです。商標権の登録は登録日から10年間ですが、ほかの知的財産権と異なり、何度でも更新が可能です。

● 意匠権

自動車や椅子・机、コップなど工業製品のデザインは、意匠権により保護されるのが一般的です。意匠権で保護されるためには、特許庁に出願し、審査を経て、登録される必要があります。登録されると原則として登録から20年間、独占的な利用権が発生します。

宣伝広告の分野において意匠権登録までを行うことはまれですが、一方で昨今はIoT（モノのインターネット）の潮流により、ソフトとハードの壁が融解しつつあります。そのような流れもあって、意匠権を上手に活用できる場面も増えてくるように、個人的には感じています。

なお、意匠権登録がなされていない場合や、意匠の出願後、登録前の審査中は意匠権が発生していないため、著作権や不正競争防止法の範囲内で保護されることになります。ただし、この場合、著作権や不正競争防止法は、意匠権が登録されていなかったことのセーフティーネットとして機能する程度のものなので、その保護される範囲は限定的にならざるを得ないことに注意が必要です。

● 不正競争防止法

不正競争防止法は、不正な競争を防止することを目的とした法律です。知的財産を保護する法律のうち、著作権、意匠権、商標権のように独占権を与えるものとは異なり、不正競争防止法は、一定の行為を禁止することにより知的財産の保護を図っています。

先に紹介した商標権や意匠権などと異なり、特許庁への登録は不要です。法律が定めた「不正競争」を行った場合に、差し止め、損害賠償、謝罪広告など信用回復措置の請求が可能です。また場

合によっては刑事罰が科されることもあります。

　不正競争として禁止されているのは、他人のものを勝手に利用して競争する行為です。たとえば、①他人の商品・営業と誤認混同（誤解）を生じさせる行為（広く知られている商品・営業に使用される商号・商標や商品の容器・包装などと同一または類似のものを使用して、経済的に、あるいは組織的になんらかの関係性があると誤解される行為など）、②著名な表示を勝手に利用する行為（全国的に知られている著名なブランドの表示にただ乗りする行為など）、③商品の形態を模倣した商品を譲渡するなどの行為（他人の商品の形態をほとんどそのまま模倣した、いわゆるデッドコピー品の流通を阻止する行為）などです。

　ただし、③はありふれた形態や、日本での販売開始から3年を経過した物品については該当しません。

● 肖像権、パブリシティ権

　肖像権は、私生活上の容姿を無断で撮影されたり、撮影された写真や映像を勝手に公開されたりして、精神的な苦痛を受けないように保護を受けることができるという主に人格的な権利です。肖像権は、法律に規定がある権利ではありませんが、判例上、認められてきた権利です。被撮影者の社会的地位、活動内容、撮影場所、撮影の目的・態様・必要性などを総合的に判断して、被撮影者の人格的利益の侵害が社会的生活上の受忍限度を超えた場合に肖像権侵害が成立します。

　パブリシティ権は、著名人の氏名や容貌などに備わっている、顧客吸引力を中核とする経済的な価値を保護する財産的な権利です。

　テレビや雑誌などで、人気アーティストやタレント、スポーツ選手などの著名人の肖像や氏名が商品などの宣伝広告に利用されているのを目にする機会が多いと思います。これは著名人がその活動

の成果により人気や名声を獲得し、やがて憧れの対象となることで、その肖像や氏名に、顧客を商品等に引きつける力（顧客吸引力）が生まれ、経済的価値が高まるためと考えられています。

このような著名人の肖像や氏名の持つ顧客吸引力から生じる、経済的な利益・価値を排他的に支配する権利がパブリシティ権です。

このパブリシティ権もまた、判例上、認められてきた権利です。判例では、パブリシティ権侵害が成立するためには、肖像等を無断で使用する行為が、①肖像等それ自体を独立して鑑賞の対象となる商品等として使用し（例：ブロマイド写真、グラビア写真）、②商品などの差別化を図る目的で肖像等を商品等に付し（例：キャラクター商品）、③肖像等を商品等の広告として使用するなど、専ら肖像等の有する顧客吸引力の利用を目的とするといえる場合であることが必要であるとされています。

パブリシティ権侵害が成立する場合、肖像権侵害と同様に、①差し止め、②損害賠償、③謝罪広告などが認められます。

★ポイント

● 著作権侵害の判断においては、「似ている／似ていない」に飛びつかない。

①元の作品が著作物であること

②元の作品に依拠して作成されたこと

③元の作品と類似していること

④著作権法が定める例外規定に該当しないこと

というフローチャートにしたがって検討しましょう。

● 知的財産権には、著作権以外にも、特許庁への登録が必要な商標権、意匠権などがあります。

● 宣伝広告においては、肖像権、パブリシティ権についての知識も不可欠です。

8-11. 独占禁止法と下請法

独占禁止法と下請法の概要

　広告宣伝の分野において見逃されがちですが、意外に重要な法律が下請法（正式名は下請代金支払遅延等防止法）です。下請法は、不当な独占行為を含む不正な取引行為を禁止する独占禁止法（正式名は私的独占の禁止及び公正取引の確保に関する法律）を補完するものとして、下請取引の公正と下請事業者の利益を保護するために制定された法律です。

　広告のコピーやデザインをデザイナーなどに発注し、納品を受けるという取引は、原則として下請法上の「情報成果物作成委託」に当たります。この取引が下請法の適用を受けるかどうかは、発注者と受注者双方の資本金の額と取引内容を確認する必要があります。

　①発注者が資本金5000万円を超える場合で、受注するクリエイター側が資本金5000万円以下の場合（個人事業主を含みます）、②発注者の資本金が1000万円を超え5000万円以下の場合で、受注するクリエイター側が資本金1000万円以下の場合（個人事業主を含みます）には、下請法の適用があります。

　すなわち、発注者の資本金が1000万円以下であれば、下請法の適用はありませんが、それを超える場合には下請法の適用があるかどうかを確認しておくべきでしょう。

　「情報成果物作成委託」取引の具体例として、第一にはクライアントから広告代理店に依頼があり、広告代理店からクリエイターに制作が依頼されるケースがあります。この場合、もちろん上述のような資本金に関する条件はありますが、基本的に下請法の適用があ

るケースと考えたほうがよいでしょう。

　第二に、クリエイターがクライアントから直接依頼を受けるケースがあります。この場合、クライアントの商品が一般消費者やそのほか事業者に対し商品の一部となって提供されるのであれば下請法の対象となりえます。

　第三に、自社のWebサイトのデザインをクリエイターに依頼する場合のように、発注者が発注した商品が一般消費者やほかの事業者に有償で提供されず、発注者自身がユーザーとなるようなケースです。これは「自家使用」といって下請法の適用はありません。

　ただし、発注者自らもデザイン制作などを事業として行っている場合には、納品されたデザインを自ら使用するとしても下請法の対象となります。たとえば、広告制作会社が、コンペに提出するデザインを外部のデザイン事務所に制作委託するような場合です。発

下請法　　　　　　　　　　　　　　　　　　　　　（図表8 − ④）

パターンA　■ 物品の製造委託・修理委託
　　　　　　■ プログラムの制作に係る情報成果物作成委託
　　　　　　■ 運送、物品の倉庫における保管及び情報処理に係る役務提供委託

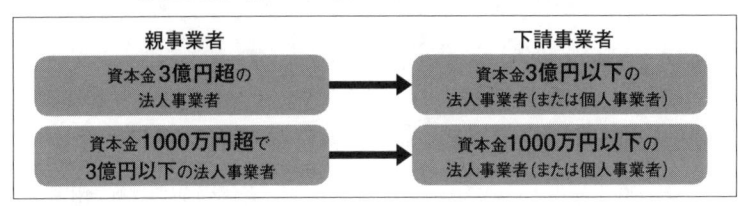

パターンB　■ 情報成果物作成委託（プログラムの作成を除く）
　　　　　　■ 役務提供委託（運送、物品の倉庫における保管及び情報処理を除く）

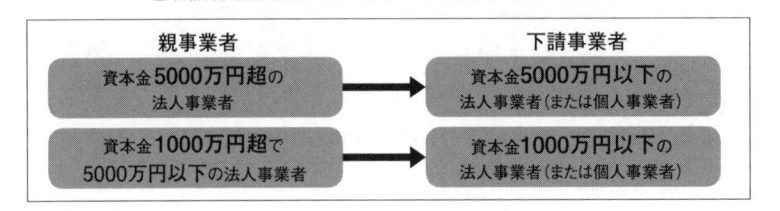

出典：著者資料をもとに編集部作成

注者の社内にもデザイナーがいるような場合には、適用があるか難しい部分ですが、発注者が自ら事業として反復継続して行っている業務をあえて外部に委託するような場合には適用があると考えてよいでしょう。

　下請法の適用を受ける場合には、書面の作成・交付義務、支払期日を定める義務などが課されるとともに、代金を減額したりする行為が禁止されます。

● 宣伝広告において特に注意すべき下請法の規定

　下請法について特に注意すべき点は、発注者と受注者の①資本金区分が適用範囲内かどうか、②対象となる取引の内容か、という点です。

　また、発注者がクリエイターにデザインに加え、印刷までを委託する場合には、印刷の委託については下請法上の「製造委託」に当たり、デザインの委託である「情報成果物作成委託」とは異なる資本金や取引内容の区分になります。その場合の詳細については、公正取引委員会のWebサイトを参照してください。わからない場合には電話で聞いてみると、丁寧に対応してくれます。

　発注者としての注意点は、独占禁止法または下請法との関係で、成果物の知的財産権を移転する場合には、相当の対価の支払いが必要とされているので、著作権の譲渡を受ける場合には、相当の対価が支払われていることを明示するために、契約書の委託料に「権利移転の対価も含む」と明記しておいたほうがベターです。

　下請法が適用される場合、クリエイターが委託された制作物を納品した時、発注者が代金受領日から60日以内に下請業者に対し代金を支払わなければならないことにも注意が必要です（下請法第4条第1項第2号）。

下請法のポイント
- 宣伝広告の取引において、意外に重要なのが下請法。
- 広告制作物を委託する取引は原則として「情報成果物作成委託取引」に当たり、下請法の適用を受けます。
- 下請法の適用を受ける場合、書面の作成・交付義務、支払期日を定める義務などが課されるとともに、代金減額が禁止されます。

<了>

社会における宣伝広告の意義

広告コミュニケーションを捉える二つの視点

　本書の「はじめに」で、青山学院大学の久保田進彦教授は広告コミュニケーションを捉える二つの基本視点を明らかにしています。「広告コミュニケーションの目的・役割・構造」や「人々の心」といった、広告コミュニケーションにとって比較的安定していると見られるものを捉える視点と、「広告コミュニケーションの実践スタイル」のような、時代とともに変化するものを捉える視点です（P17　図表①）。そして、これら両者の存在を意識しながら、両者を統合的に扱うことの重要性が示唆されています。

　このことを筆者なりに、もう少し具体的に解釈するならば、広告コミュニケーションを企画し実践しようとする人には、広告コミュニケーションの本質的な要素をしっかりと踏まえたうえで、変化する現実に対応し、最適だと考えられる実践手法を駆使することが求められる、ということだと思います。

　本書では、広告コミュニケーションのそれぞれの分野の第一線で活躍されてきた執筆者たちによって、今日私たちが直面している変わりゆく現実と各領域の本質的要素とが述べられてきました。本書のおわりに、全体をもう一度概観し、その変わりゆくものと変わらず意識し続けておきたいことを筆者なりに振り返ってみたいと思います。

実務にもたらされている変化

　本書の第2章と第3章では、広告主の視点から、実務に取り組む心

構えや業務の進め方が詳しく述べられました。そのなかで、これから広告コミュニケーションに携わる人には、人々やメディアの変化に対応する柔軟な対応力がますます求められることが強調されていたように思います。広告キャンペーンのターゲットとされる消費者ないし生活者を理解する枠組みにも、時とともに様々な形のものが現れたことが紹介されました。おそらくこれからも、さらに新しい枠組みが現れることでしょう。それらの枠組みを学び、最も適切と思われるものを選択したりアレンジしたりして実務に活用できる柔軟な対応力がこれからの担当者には求められるといえるでしょう。業務を進めるにあたって欠かせない社内外スタッフとの協業のあり方についても、柔軟に対応する必要があることが示唆されていました。

　第4章では、メディアプランニングの焦点が「どのように届けるか」から「どうやって人を動かすか」へ変化していることが指摘されました。また、メディア行動に関わる生活者データの計測性が高まり、データドリブンな科学的アプローチにもとづいて広告投資の効果・効率が従来以上の水準で検討できるようになってきたことも語られ、最新のプランニングツールを用いたデータ分析の事例が紹介されています。

　そうしたプランニングが可能となった背景にあるのがテクノロジーの進化です。第6章では、消費者を理解するためのテクノロジーについて詳しく説明されました。そして、テクノロジーは消費者を理解するだけでなく、マーケティング戦略立案におけるターゲティングや4P領域のそれぞれでも次なる一手の企画と密接に結びついています。

　とりわけ、いわゆるプロモーション領域では新たな手法が近年次々に現れています。本書の第5章では、デジタルテクノロジーがクリエイティブに影響を与えてきた経緯が詳しく説明されるとともに、この10年ほ

どの興味深いクリエイティブ事例が多数紹介されています。その様相は、クリエイティブの性質を「一方通行で消費される存在から、体験によるブランド理解、そして社会を動かす力」へと変え、広告が「叫ぶ広告から、寄り添う広告に」進化している、とも概括されていました。

そして、多様な広告コミュニケーション形態の登場は、個別のメディアやメッセージを評価する方法の工夫（第7章）を導いたり、新たな規制やガイドラインの登場（第8章）を招いたりすることにもなっています。

このように、テクノロジー、特にデジタルテクノロジーの進化は、広告コミュニケーション実務に、多方面にわたる目に見える変化をもたらしてきました。私たちが本書に目を落としているまさに今この瞬間も、どこかで誰かが新たなテクノロジーの開発やその実践的な活用に挑戦しているわけですから、変化はこの先も続くことでしょう。今日、広告コミュニケーションの実務に携わる人が学ぶべき事柄はあまりに多様で、かつ、それぞれに専門的でもあり、途方に暮れてしまいそうにも感じます。

しかしながら、本書の各章からは、これからも変わらず意識し続けるべきこととして各執筆者が挙げている内容も多々見られます。情報技術やメディア、人々の生活様式の目に見える大きな変化を目の当たりにしている今だからこそ、私たちはそれらに飲み込まれてしまわないよう、現実を適切に理解する考え方の軸のようなものを持つことが大切なのかもしれません。

変わらず意識し続けたいこと

第1章では、広告活動や広告ストラテジーを構成する主要な要素を紹介しました。これらは、広告という言葉が指すものの形態が時代と

ともに多少変わろうとも、比較的安定した要素と考えられます。広告コミュニケーション実務と不可分な「企画」という行為の要点も示しました。また、企業などが行うコミュニケーション活動が、消費者を尊重する態度を前提に成り立っていることも理解してもらえたと思います。消費者をはじめとした社会の様々な存在への十分な配慮を求める態度は、第8章に述べられた諸規制やガイドラインにも通底していると言えるでしょう。

　第2章では、企業などでコミュニケーション活動の業務に携わる担当者に求められる責任の重さやプロフェッショナルとしての心構えが強調されました。そして続く第3章では、目的の重視をはじめとした業務遂行の基本スタイルや、新しい価値をつくろうとするクリエイティブの「志」が説かれています。

　目的を重視する業務遂行の基本スタイルは、メディアプランニングの局面にも共通していたように思われます。第4章ではKPI（Key Performance Indicator）という用語が繰り返し登場しました。メディアプランニングはマーケティング目標達成の手段として位置づけられ、メディアプランニングのKPI目標が設定されます。そして、個別のメディアプランニングはKPI目標をどうしたら達成できるのかを考えながら立案されるわけです。

　目的重視の姿勢は、広告の評価、効果測定を詳しく扱った第7章にも共通しています。第7章で示された、ターゲットへの到達とメッセージの伝達という二つの視点は、どのような形態のコミュニケーションであろうとも応用できる見方でしょう。

　クリエイティブについて語られた第5章では、近年の多様な形態の

コミュニケーション事例が紹介されました。しかし、その章末ではクリエイティブ評価に関わる端的な質問が二つ示されています。「誰のなにを変えるのか?」「それって面白いの?」の二つです。これらの質問が、デジタルテクノロジーを活用する広告コミュニケーション・アイデアに限って向けられるものでないことは明らかでしょう。「誰のなにを変えるのか?」「それって面白いの?」という問いはあまりに素朴ですが、それだけに根本的な問いに思われます。

そして、今日のテクノロジーの諸相が詳しく紹介された第6章では、AIのような新しい技術の粋が「むしろ、人間ならではの創造的な仕事に注力できる環境をつくってくれるものかもしれません」と述べられ、これからの時代のマーケティング担当者は技術を「適切な方法で使いこなすことで、より豊かな世の中をつくることに貢献していくことが求められていくことでしょう」と語られました。

社会における広告の意義

こうして考えてきて筆者にはふと一人の年輩のコピーライターの顔が思い出されました。鈴木康之氏です。1960年代よりコピーライターとして活躍されてきた鈴木氏は、広告制作者として、また、コピーライター講座で長年にわたり講師を務められたことでもよく知られています。

鈴木氏は「広告コピーは、読者の人生、生活、健康、幸福などに快く触れるように気持ちが込められていて、その商品や提案を選択した結果、ソンしたりトクしたりする。そういう文章です」と述べています(鈴木 2008)。もちろん、広告の受け手ができるだけトクをするような広告上の提案が求められるわけです。そして、鈴木氏は数々のグラフィック広告の、とりわけボディーコピーを題材として、一字一句、句

読点の位置ひとつにまで込められた広告制作者の読者への気遣い、サービス精神を丁寧に読み解いて見せました。「コピーライティングは気の発露である」「広告コピーは説明文である」といった広告制作者への数々の言葉も残しています（鈴木 1987、2008、2015）。

　筆者には鈴木氏の言葉が広告表現上のコピーだけに限られるものではなく、広告活動全般に通じるもののように思われます。

　広告は、そのメッセージを受けとった人がトクをすることを目指した実用情報であり、そのために旺盛なサービス精神をもって細心の気遣いが込められるものである、という見方はデジタルテクノロジーがもたらす変化によって損なわれるのでしょうか。筆者にはむしろ、デジタルテクノロジーを適切に使いこなすことによって、トクになる物事が世の中になお一層もたらされるのではないかと思われます。企業などの広告活動が、消費者にとっても企業にとってもトクになることを目指し、優れたテクノロジーを手段として使いこなすのであれば、社会は今よりも、もっと便利にもっと楽しく過ごせる場となり、一層の幸福感を感じられるようになるのではないかと考えられます。

　デジタル時代になっても変わらないこととデジタル時代になって変わりつつあること、読者はどのようにお考えになるでしょうか。本書が手掛かりとなって、ビジネス実務において読者それぞれが変化の荒波を巧みに乗りこなしてくださることをお祈りしたいと思います。

<了>

執筆：九州産業大学　商学部　准教授　五十嵐正毅

［引用・参考文献］

第1章　宣伝広告の企画

『ブランドマネジメント』日本規格協会、加藤雄一郎（2009）

『新マーケティング・コミュニケーション戦略論』日経広告研究所、亀井昭宏・ルディー和子編著、「マーケティング・コミュニケーションの本質と構成領域」13-25ページ、亀井昭宏（2009）

『はじめてのマーケティング』有斐閣、久保田進彦・澁谷覚・須永努、「マーケティングの構図」32-78ページ、久保田進彦（2013）

『社会を動かす企画術』中央公論新社、小山薫堂編著（2010）

『広告コミュニケーション研究ハンドブック』有斐閣、水野由多加・妹尾俊之・伊吹勇亮編、「メディア社会の宣伝・広告・広報」247-263ページ、佐藤卓己（2015）

『新しい広告』電通、嶋村和恵監修、「広告とは何か」9-25ページ、嶋村和恵（2006）

『広告の世界史』日本経済新聞社、高桑末秀（1994）

『広告コピーってこう書くんだ！読本』宣伝会議、谷山雅計（2007）

『広告ビジネス入門2014-2015』日本広告業協会（2014）

『広告用語事典〈第4版〉』日本経済新聞社、日経広告研究所編（2004）

『広報・パブリックリレーションズ入門』宣伝会議、猪狩誠也編著、「企業経営とパブリックリレーションズ活動」71-99ページ、宮田穣（2007）

Strategic Brand Management: Building, Measuring, and Managing Brand Equity, the 3rd ed., Prentice Hall、Keller, K. L. (2008) ／『戦略的ブランド・マネジメント 第3版』東急エージェンシー、ケビン・レーン・ケラー、恩藏直人監訳（2010）

Marketing Communications: Theory and Applications, Pearson Education Australia、Rossiter, J. R. & Bellman, S. (2005)／『戦略的マーケティング・コミュニケーション[IMCの理論と実際]』東急エージェンシー、ジョン R・ロシター＆スティーブン・ベルマン、岸志津江監訳（2009）

Truth, Lies & Advertising, John Wiley & Sons, Steel, J. (1998)／『アカウント・プランニングが広告を変える』ダイヤモンド社、ジョン・スティール、丹治清子・牧口征弘・大久保智子訳（2000）

A Technique for Producing Ideas, NTC Business Books, Young, J. W. (1975)／『アイデアのつくり方』TBSブリタニカ、ジェームス・W・ヤング、今井茂雄訳（1988）

第3章　コミュニケーション・キャンペーンとクリエイティブ・マネジメント

ジム・コリンズ（著）『ビジョナリー・カンパニー2　飛躍の法則』日経BP社

ジェームス・W・・ヤング（著）『アイデアの作り方』阪急コミュニケーションズ

第4章　メディアプランニング

『マーケティング立国ニッポンへ』神岡太郎、博報堂エンゲージメントビジネスユニット、日本マーケティング協会 協力　日経BP社
『メディアガイド2016』博報堂DYメディアパートナーズ／編　宣伝会議

第6章　テクノロジーとマーケティング

『CMを科学する』(宣伝会議)横山隆治
『デジタルマーケティング年鑑2016』(宣伝会議)宣伝会議編集部

第7章　広告の評価基準と効果測定

『コトラー&ケラーのマーケティング・マネジメント 第12版』(丸善出版)フィリップ・コトラー、ケビン・レーン・ケラー

第8章　宣伝広告の法務

第1部　広告法規

『特定商取引に関する法律の解説 平成24年版』(商事法務)消費者庁取引対策課、経済産業省商務流通保安グループ消費経済企画室 編
『医薬品・医薬部外品・化粧品・医療機器・再生医療等製品の広告と表示について』(東京都福祉保健局健康安全部薬務課)

おわりに

『新・名作コピー読本』誠文堂新光社、鈴木康之(1987)
『名作コピーに学ぶ読ませる文章の書き方』日本経済新聞出版社、鈴木康之(2008)
『名作コピーの教え』日本経済新聞出版社、鈴木康之(2015)

［執筆者一覧］

はじめに・監修

久保田進彦（くぼた・ゆきひこ）

青山学院大学 経営学部 教授

1988年明治学院大学経済学部卒業。サンリオ勤務を経て、1996年早稲田大学大学院商学研究科修士課程修了、2001年早稲田大学大学院商学研究科博士後期課程単位取得。博士（商学早稲田大学）。専門はマーケティング。現在の研究テーマはブランド・リレーションシップ。日本商業学会、日本広告学会（理事）、日本消費者行動研究学会、日本マーケティング学会、American Marketing Association、Association for Consumer Research、The Academy of Marketing Scienceに所属。

第1章 宣伝広告の企画・おわりに

五十嵐正毅（いがらし・まさき）

九州産業大学商学部および同大学院経済・ビジネス研究科 准教授。

早稲田大学第一文学部社会学専修卒業。都内大手広告会社で10年以上にわたりストラテジック・プランナーとして広告企画やブランドマネジメントに携わる。2004年 早稲田大学大学院商学研究科修士課程修了、2011年 同博士後期課程単位取得退学。2011年九州産業大学商学部講師、2014年准教授。日経広告研究所兼務研究員。現在の研究テーマは広告と消費者心理。日本広告学会、日本広報学会（理事）、日本商業学会、日本消費者行動研究学会、American Academy of Advertisingなどに所属。主な著書に『わかりやすいマーケティング・コミュニケーションと広告』（石崎徹編著、共著、八千代出版）、『新マーケティング・コミュニケーション戦略論』（亀井昭宏・ルディー和子編著、共著、日本経済新聞出版社）など。

第2章 宣伝広告の役割と担当者に求められること
第3章 コミュニケーション・キャンペーンと
　　　　　クリエイティブ・マネジメント

和田龍夫（わだ・たつお）

サントリービジネスエキスパート 執行役員 宣伝部長兼 サン・アド コミュニケーションブレンダー

1987年サントリー入社。宣伝・マーケティング担当として20数年にわたり活躍、2008年よりサントリー酒類宣伝部長に就任。角ハイボールやザ・プレミアム・モルツのムーブメントを仕掛ける。2014年 日本初の「コミュニケーション ブレンダー」としてサン・アドの非常勤取締役に就任。日本郵便 年賀状キャンペーンのコミュニケーションブレンダーを務める。2016年4月より現職。

第4章 メディアプランニング

中澤壮吉（なかざわ・そうきち）

博報堂DYメディアパートナーズ データドリブンメディアマーケティングセンター
センター長代理 兼 プラニンググループ 部長

1995年博報堂入社。媒体、営業および統合コミュニケーションプランニング領域の経験を経て2015年より現職。DMP開発推進、データアナリティクス、メディアプランニング、デジタルマーケティング機能を統括し、メディアとマーケティングの統合〜高度ソリューション化を推進している。第19回アジア太平洋広告祭（メディア部門／ブランデッドコンテンツ＆エンタテインメント部門）審査員。

澤邊芳明（さわべ・よしあき）

ワン・トゥー・テン・ホールディングス
代表取締役社長

1973年、東京生まれ。京都工芸繊維大学卒業。
1997年にワン・トゥー・テン・デザインを創業し、ユニークなアイデアと時流に合わせた先進的なチャレンジによって、多くの大型キャンペーンを成功に導いてきた。これまで同社は、カンヌライオンズ金賞、One Show インタラクティブ部門金賞、アジア太平洋広告祭グランプリなど、国内外のアワードを150以上受賞。2012年に、広告クリエイティブからプロトタイピング、ロボティクスまで総合的にプロデュースする8社からなる企業グループ、クリエイティブスタジオ「ワン・トゥー・テン・ホールディングス」を設立。公益財団法人東京オリンピック・パラリンピック競技大会組織委員会 アドバイザー、一般社団法人インタラクティブ・コミュニケーション・エキスパーツ理事等。

中川健（なかがわ・たけし）

電通 データ・テクノロジー・センター
マーケティング・ディレクター

早稲田大学第一文学部社会学専修卒業。マサチューセッツ工科大学（MIT）経営大学院修了（MBA）。1993年電通入社。マーケティング局、メディア・マーケティング局、経営企画局、電通ホールディングスUSAなどを経て現職。現在の主な業務は、デジタルマーケティング領域のグローバル展開。

本間充（ほんま・みつる）

アビームコンサルティング
デジタルトランスフォーメーションビジネスユニット
デジタルマーケティングセクター　ディレクター

1992年大手消費財メーカーに入社。1996年に社外向けWebサーバーを自ら立ち上げ、デジタルマーケティングを、ad tech、コンテンツの両面から、グローバルに取り組む。2015年10月に、アビームコンサルティング株式会社に入社。ディレクターとして、多くの事業会社のマーケティングとマーケティングのデジタル化を支援している。

他にも、ビジネス・ブレークスルー大学でのマーケティングの講師、内閣府政府広報アドバイザーなども務める。さらに、東京大学大学院数理科学研究科・理学部数学科客員教授、文部科学省数学イノベーション委員など、科学の発展にも貢献している。

公益社団法人日本広告審査機構（JARO）

「悪い広告をなくし、正しいよい広告を育てたい」という広告界の総意により、1974年に設立された民間の広告自主規制機関。消費者等から広告・表示の苦情を受け付け、問題があると思われる広告については委員会で審議し、その結論を当該広告主・媒体社等に提示して改善を促している。企業向けには、広告制作や広告審査に関する相談対応、社内勉強会への講師派遣、セミナーの実施などにより、企業の広告活動を支援する。加盟企業は2016年6月末現在、広告主、新聞社、出版社、放送会社、広告会社、広告制作会社など851社。

水野祐（みずの・たすく）

シティライツ法律事務所代表　弁護士
Creative Commons Japan理事
Arts and Law代表理事

慶應義塾大学SFC研究所上席所員。音楽、映画、映像、デザイン、出版、アートなどのクリエイティブ、IT、建築・不動産分野に特化している。著作に『クリエイターの渡世術』（共著）、『オープンデザイン　参加と共創から生まれる「つくりかたの未来」』（共同翻訳・執筆）などがある。Twitter: @TasukuMizuno

【実践と応用シリーズ】
CMを科学する
「視聴質」で知るCMの本当の効果とデジタルの組み合わせ方

横山隆治 著

■本体1500円+税　ISBN 978-4-88335-364-4

本書では、あいまいだったテレビCMの効果効能を科学的に分析し、真のデジタルマーケティングに必要なデータと共に動画コンテンツのありかた、将来的なテレビCMのあり方について論じる、マーケティング関係者必読の書。

【実践と応用シリーズ】
生活者視点で変わる小売業の未来
希望が買う気を呼び起こす 商圏マネジメントの重要性

上田隆穂 著

■本体1500円+税　ISBN 978-4-88335-367-5

ネット販売や新しい決済方法、商品の受け取り方、オムニチャネルなど様々な革新が至るところで起きている。そんな流通小売業の大きな変化を「生活者の視点」で見直すとどうなるのか。小売りの実証実験の結果をもとに新しい小売業のあり方をまとめた書籍。

【実践と応用シリーズ】
拡張するテレビ
広告と動画とコンテンツビジネスの未来

境治 著

■本体1500円+税　ISBN 978-4-88335-366-8

フジテレビの凋落やCM不振など、ネガティブな話題ばかりがとりあげられがちなテレビの周辺ビジネスの状況をイチから整理し、根本から考え直した末に見えてきた、新しい時代の広告、動画、コンテンツビジネスのあり方を提示する書籍。

【実践と応用シリーズ】
サスティナブル・カンパニー
「ずーっと」栄える会社の事業構想

水尾順一 著

■本体1500円+税　ISBN 978-4-88335-368-2

サスティナビリティの考え方は、企業が本当に社会の役に立つ存在になるための「事業構想」を考える上でも大きなヒントになる。大手企業が不祥事を起こしている今、世の中に信頼されるビジネスをどう生み出すのかをまとめた書籍。

✳ 宣伝会議 の書籍

伝わっているか？

小西利行 著

伝えるのと、伝わるのはまったく違う。サントリー伊右衛門などのCMを手がけるコピーライターの小西利行氏が20年間温めてきた秘蔵の「伝わる」メソッドを短編ストーリー形式で公開！

■**本体1400円＋税** ISBN 978-4-88335-304-0

ここらで広告コピーの本当の話をします。

小霜和也 著

コピーライティングというビジネスの根底を理解すると、効果的なコピー、人を動かすコピーが書けるようになる。広告とコピーに関わるすべての人に役に立つ、いままでにないコピーライティングのビジネス書。

■**本体1700円＋税** ISBN 978-4-88335-316-3

広告コピーってこう書くんだ！読本

谷山雅計 著

新潮文庫「Yonda?」、「日テレ営業中」などの名コピーを生み出した、コピーライター・谷山雅計。20年以上実践してきた、"発想体質"になるための31のトレーニング方法を紹介。宣伝会議のロングセラー。

■**本体1800円＋税** ISBN 978-4-88335-179-4

広告コピーってこう書くんだ！相談室（袋とじつき）

谷山雅計 著

"コピー脳"を育てる21のアドバイスのほか、キャンペーンコピーの書き方を体系化して解説。アイディアや発想に悩んだとき、コピーの壁にぶつかったときに、進むべき道を教えてくれる1冊。

■**本体1800円＋税** ISBN 978-4-88335-339-2

詳しい内容についてはホームページをご覧ください www.sendenkaigi.com

手書きの戦略論
「人を動かす」7つのコミュニケーション戦略

磯部光毅 著

本書は、コミュニケーション戦略を「人を動かす心理工学」と捉え、併存する様々な戦略・手法を7つに整理し、それぞれの歴史的変遷や、プランニングの方法を解説。各論の専門書を読む前に、体系的にマーケティング・コミュニケーションについて学ぶための一冊。

■**本体1850円＋税**　ISBN 978-4-88335-354-5

すべての仕事はクリエイティブディレクションである。

古川裕也 著

日本を代表するクリエイティブディレクターであり、電通クリエイティブのトップである古川裕也氏、初の書籍。広告界だけの技能と思われている「クリエイティブで解決する」という職能をわかりやすく、すべての仕事に応用できる技術としてまとめた本。

■**本体1800円＋税**　ISBN 978-4-88335-338-5

日本の企画者たち
～広告、メディア、コンテンツビジネスの礎を築いた人々～

岡田芳郎 著

過去の偉人たちは混迷の時代をどのような企画で乗り切ったのか。昔に活躍したクリエイター、企業家、ジャーナリストなどの企画術を人物伝形式の読み物として学ぶ。ひとを動かす企画術の温故知新です。

■**本体2000円＋税**　ISBN 978-4-88335-356-9

実際に提案された秘蔵の企画書
販促会議SPECIAL EDITION

販促会議編集部 編

周囲を巻き込み、アイデアを実現させるには。何から書けばいいの？お悩み解決！企画書づくりの方程式。激戦を勝ち抜いたベスト販促アイデアに学べ。これがプロの企画書だ！　ほか多数のテーマを収録。

■**本体1834円＋税**　ISBN 978-4-88335-362-0

広告0円
スマホを電話だと思う人は読まないでください

吉良俊彦 著

これまでの4媒体（TV、新聞、雑誌、ラジオ）とデジタルの親和性やこれからのメディアミックスの方向性を考察し、「広告0円」と提唱する真意、広告における新たなメディアの在り方、これからの可能性を探る。

■本体1800円＋税

ISBN 978-4-88335-363-7

ザ・カスタマージャーニー
「選ばれるブランド」になるマーケティングの新技法を大解説

加藤希尊 著

日本のトップマーケター同士が集える場として設立した「JAPAN CMO CLUB」の活動を通じて見えてきた、顧客起点のマーケティングの実践論、方法論を解説。30ブランドのマーケターが考える、カスタマージャーニーも収録。

■本体1600円＋税

ISBN 978-4-88335-342-2

カスタマーセントリック思考
―真の課題発見が市場をつくる―

藤田康人 著

消費者の心の奥にある、彼ら自身も気づいていない本音をつかむこと。そして、企業内にカスタマー・セントリック（顧客中心主義）の考え方を根付かせること。意思決定の基準を「顧客」に置き、イノベーションを起こすためのメソッドをまとめた本。

■本体1600円＋税

ISBN 978-4-88335-365-1

生活者ニーズから発想する
健康・美容ビジネス
「マーケティングの基本」

西根英一 著

シニアマーケットが拡大していく中、世の中の健康・医療・美容に対するニーズをどう自社の商品、サービスにつなげていくのか、という健康・美容ビジネスを成功に導くための知識と情報が詰まった本！

■本体1700円＋税

ISBN 978-4-88335-330-9

【宣伝会議マーケティング選書】

デジタルで変わる

宣伝広告の基礎

発行日　　2016年　9月15日　初版

編　者　　宣伝会議編集部
監　修　　久保田進彦
発行者　　東 英弥
発行所　　株式会社宣伝会議
　　　　　〒107-8550　東京都港区南青山3-11-13
　　　　　tel.03-3475-3010（代表）
　　　　　http://www.sendenkaigi.com/
印刷・製本　　平河工業社
装丁デザイン　SOUP DESIGN

ISBN 978-4-88335-372-9　　C2063

© 2016 YukihikoKubota, MasakiIgarashi, TatsuoWada,
SokichiNakazawa, YoshiakiSawabe, TakeshiNakagawa,
MitsuruHonma, JARO, TasukuMizuno
Printed in Japan

無断転載禁止。乱丁・落丁本はお取り替えいたします。